不安や悩みが
すぐに軽くなる

アドラー心理学

心理学者
内藤誼人

ぱる出版

まえがき

「心理学の勉強をしようかな?」と思っても、有名だからといってフロイトの本を読んだりするのはおすすめできません。気分が滅入ってしまうだけだからです。フロイトの思想に救いはありません。私たちは、無意識の欲望に翻弄される哀れな操り人形にすぎないというのが、フロイトの基本的な思想ですから。

人に喜んでほしくて慈善的なことをしても、フロイト流の解釈をすれば、結局は、自己満足を得たいという醜い欲望が背後に隠されているということになるのですから、おちおち親切もできません。

哲学でいうとショーペンハウエルの本もそうです。ショーペンハウエルの哲学は厭世哲《えんせい》学と呼ばれています。厭世哲学というのは「この世には生きる価値なんてないんだよ」という考えですから、これもあまり愉快ではありません。

ところが、本書で取り上げるアドラーは違います。

アドラーの心理学は、人に勇気を与える心理学。

ベートーベンの曲を聴いていると勇気が湧いてくるように、**アドラーの本を読んでいると、自然と勇気が湧いてくるのです。**たとえば、アドラーの思想をものすごくわかりやすくいえば、次のようになります。

●どんなに困難な問題があっても諦めなければ解決できるんだよ
●自分の人生は、自分の思い通りに変えることができるんだよ
●だれでも考え方を変えれば、幸せになれるんだよ

どんなに悲惨な状況にあっても、人はそこから立ち上がることができます。これがアドラーの基本スタンス。ですから、アドラーの本は読んでいて心がスッキリと晴れやかになるのです。

「アドラーの心理学は、科学でも何でもない」と批判する人もいますが、そんなこともありません。アドラーの考えは、科学的な心理学の研究で明らかにされている知識と驚くほど一致しているからです。それは本書をお読みいただければご理解いただけるでしょう。

心の中がモヤモヤして、「生きるのが苦しい」と感じているみなさんに、ぜひ本書をお読みいただきたいと思います。きっと悩みも解決され、清々しい気持ちになれることを保証いたします。どうぞ最後までよろしくお付き合いください。

内藤誼人

まえがき 3

第1章 驚くほどハッピーになれる生き方

01 好かれる人になる 14
02 自分を変えるコツ 17
03 性格を変えないと事態も変わらない 20
04 楽観的になれば、人生がラクになる 23
05 しっかり睡眠時間を確保する 26
06 いろいろな人と付き合ってみる 29
07 あまりお金に執着しない 32
08 自分なりのジンクスを持とう 35
09 悪い想定をしておく 38
10 卵は一つのかごに盛るな 41

第2章
息苦しく感じないための、ちょっとした心がけ

11 ダイエットしてみる —— 46
12 自分イジメをやめる —— 49
13 小さなことでイライラしない —— 52
14 神経質にならない —— 55
15 意志力を高める方法 —— 58
16 苦労して覚えたほうがよい —— 61
17 環境を変えてみる —— 64
18 「できない」と思っているのは本人だけ —— 67
19 認知バイアス（心の歪み）を修正しよう —— 70
20 頑張っている人を見れば、自分も頑張れる —— 74

第3章
仕事がもっとラクになる心理テクニック

21 暗黙のルールを早々に見つけ出そう 78
22 失敗で人は大きくなる 81
23 お互いの相性を判別するテスト 84
24 人嫌いでも大丈夫な仕事はある 87
25 諦めてしまうのも一つの手 90
26 男性的な演技が必要になることもある 93
27 自分がソンをするくらいでちょうどいい 96
28 だれに対しても親切に 99
29 共感できる人ほど仕事はうまくいく 102
30 だれに対しても協力的に 105
31 ポジティブな言葉とネガティブな言葉の比率に注意 108
32 厳しくてもよい…ときもある 111
33 花形社員が心がけていること 114

第4章
心のモヤモヤを吹きとばすメンタルを手に入れる

34 姿勢をよくすると、心も変わる 118
35 たまにはお酒を飲んでみる 121
36 劣等感をモチベーションに変える 124
37 ネガティブな固定観念を持たない 127
38 おかしな偏見は付き合いを深めると消える 130
39 他人の不幸を喜ぶのは、ごく普通 133
40 心が苦しいときには、とりあえず「アハハ」と笑ってみる 136
41 運命論者にならない 139
42 相手が悪いのではなく、こちらの態度が悪いのかも? 142
43 自分の記憶をそんなに信用しない 145
44 予防が重要 148
45 テイクよりもギブを心がける 151

第5章
人間関係がラクになる思考法を身につける

46 世の中は自分のことしか考えない人が溢れているという事実を知っておく 156
47 偉そうに威張ったりしない 159
48 自分のことではなく、相手の立場で考える 162
49 訓練すれば、人前でも堂々と話せるようになる 165
50 人間関係のスキルは練習でいくらでも伸びる 168
51 ちょっとした隙間時間には、イメージトレーニングをする 171
52 だれに対しても敵意を抱かない 174
53 同じ兄弟でも性格はみな違う 177
54 結婚を長続きさせるには 180
55 結局は、相性が重要 183
56 「あなたが大好きオーラ」を出す 186
57 親や先生にどんなことを言われてきたかで人は作られる 189
58 意味のない評価をやめる 192

第6章
素晴らしい人生を歩むために必要なこと

59 たいていの問題には解決法がある 196
60 相当な個人差があることを知っておく 199
61 羨望はそんなに悪くもない 202
62 あらかじめ準備しておけば、何も怖くない 205
63 事実は変えられないが、意味づけは変えられる 208
64 お金以外に価値を見出す 211
65 ほどほどに用心深いくらいならOK 214
66 おかしな信念に振り回されないように 217
67 ネガティブ思考のほうがよいこともある 220
68 どんな対象にでも愛情を持つ 223
69 自分のことは自分でやる 226
あとがき 230
参考文献 239

編集協力：小島義晴
本文デザイン／ＤＴＰ：城崎尉成（思机舎）

第一章
驚くほどハッピーになれる生き方

01

好かれる人になる

「患者のもっとも鮮やかな幼児期の思い出を聞き、その思い出を正しく解釈する方法を知っているのなら、私たちはかなりの正確さで、その患者が現在どのような人格なのかを知ることができるであろう。」

『The best of Alfred Adler』

「三つ子の魂百まで」という言葉がありますが、私たちは何歳になっても子どもの頃からそんなに変わりません。ですので、子どもの頃にどんな子どもだったのかを聞けば、その人が現在、どのような人なのかもわかります。

またそれとは反対に、どんな子どもなのかを調べると、その子どもがどんな大人に成長してゆくのかもある程度は予想することもできます。

たとえば、クラスの人気者の子どもがいるとしましょうか。

その子どもはいったいどんな大人になるのでしょうか。

クラスの人気者だということは、みんなに好かれているということですから、良好な人間関係を築いていることでしょう。ということは、心の悩みも少ないはずです。だいたい人間の悩みといえば、人間関係が原因であることがほとんどですから。

したがって、こういう子どもは、不安も悩みもない精神的に健康な大人になるだろう、と予想できるわけです。そして、この予想は実際にその通りになるのです。

スウェーデンにあるストックホルム大学のビッテ・モーディンは、小学生の男の子5242名、女の子5004名に、クラスメートで好きな人の名前を3人挙げてもらう、というやり方で個々の生徒の人気度を測定しました。たくさんの人から名前を挙げてもらった人ほど人気者だと判断したわけです。

それから30年後、大人になった子どもたちが不安障害やうつ病で通院した記録があるかどうかを調べてみると、小学生時代に人気の高かった子どもほど、不安障害やうつ病になるリスクが低くなることがわかりました。

人気の高い子どもは、大人になってからも心の悩みを抱えることが少なくなるというわけです。

というわけで、読者のみなさんもぜひ人気者になれるような努力をしてください。「私はすっかり立派な大人になってしまっているので、もはや手遅れだ」などと考えてはいけません。**人間は、何歳になっても生まれ変われるというのがアドラーの考えです。良いことをするのに、遅すぎるということはありません。**

人間関係が良好になれば、悩みもなくなりますし、人生も変わります。「今更、他人のご機嫌取りのようなことはしたくない」などと言わず、幸せな人生を歩むためにも人間関係を見直してみることも大切です。

02

自分を変えるコツ

「人間にとってもっとも難しいのは、自分自身を知ることと、自分自身を変えることである。」

『The best of Alfred Adler』

自分を変えるのはとても難しいものです。

新年を迎えると、多くの人は「新年の誓い」を立てるものですが、たいていは失敗します。「今年は〇〇の資格をとるぞ！」とか、「今年はダイエットするぞ！」と意気揚々と決心したものの、そのうち諦めてしまうのです。

カナダにあるトロント大学のジャネット・ポリヴィは、「新年の誓い」について調べ、多くの人が平均して10回（つまり10年）も同じ誓いを立てながら失敗していることを明らかにしています。またポリヴィは、何らかの誓いを立てても最初の1週目ですでに25％の誓いは諦められてしまうことも突き止めました。

では、自分を変えるのは不可能なのでしょうか。

いえいえ、そんなことはありません。

多くの人が失敗してしまう原因は、ポリヴィによると「過《よぎ》った希望シンドローム」のため。私たちは、自分が変わるスピード、変わってゆく程度、変わるための努力の難しさについて、非現実的な考えをしがちなのです。これが「過った希望シンドローム」。

自分を変えるのは本来、とても難しいことなのに、多くの人はすんなりと目標を達成できるかもしれないと希望的観測をします。「なぁに、私が本気を出せば、すぐに自分を変えることができるさ」と誤った思い込みをしがちです。ところが現実は、そんなにやさしくありません。そのため思うように変化が起きないと、誓いを達成することを諦めてしまうのです。

というわけで、何らかの誓いを立てるときには、希望的な観測を止めましょう。

「私の試みは一筋縄ではいかないぞ」
「自分を変えるには、半年以上かかるかもしれないぞ」
「ものすごく少しずつしか上達しないかもしれないぞ」

このように考えましょう。そうすれば思うような変化が見られなくとも、早々に諦めてしまうこともなくなります。

自分を変えるのは大変だということを覚悟しておけば、目立った変化が起きなくとも、ガッカリせずにすみます。たいてい決心が挫けてしまうのは、非現実的な期待を持つからです。あらかじめ覚悟しておけば、変化がほんのちょっぴりしか見られなくともそんなに気にならず、のんびりと取り組むこともできます。

03

性格を変えないと事態も変わらない

仕事を頻繁に変えることは正当化されているように見えるが、この少女は、彼女のライフスタイルを変えない限り、困難な勤め口を見出すであろうことを予想できる。

『個人心理学の技術Ⅰ』

「うちの会社はダメだ」と愚痴や文句ばかりを言う人がいます。

こういう人は、では別の会社に転職したら満足できるようになるのでしょうか。

いいえ、そういうことにはなりません。転職してしばらくは満足かもしれませんが、おそらくそのうちまた文句ばかりを言うことになります。

結局、会社が悪いのではなく、自分の性格に問題があるのです。そういう人は、自分の性格を変える努力をしなければ、いつまでも同じ問題をくり返すことになります。

つまらない男とばかり付き合う女性がいます。そういう女性は、運が悪いのではなくて、やはり性格に問題があるのです。

交通事故を起こす人はしょっちゅう起こしますが、起こさない人はまったく起こしません。

米シカゴにあるデポール大学のダグラス・セラーは、202名に性格テストを受けてもらう一方で、過去10年間に交通事故を起こした回数や違反切符の数を教えてもらいました。すると、**性格的に怒りっぽい人ほど交通事故をよく起こすことがわかりました。**

怒りっぽい人は、たえずイライラしていて、不機嫌です。

そういう人は、どうしても運転が荒っぽくなりがちで、そのため事故をしょっちゅう起こしてしまうのでしょう。

性格が怒りっぽいとか、不満を感じやすいとか、たえず不機嫌であるといった人は、職場でもプライベートでも、よく問題を起こします。

もし、自分は短気だとか、不満屋だという自覚があるのなら、性格を変えましょう。性格を変えることができれば、事態も変わってくるからです。

たとえば、どんなに小さなことでも喜べるようになると、自分の会社に対して、あるいは自分の恋人に対して、不満を感じることもなくなるでしょう。悪いのは会社や恋人ではなく、自分の性格であることがほとんどだからです。

口癖のように、「私って幸せだ」「毎日、嬉しいなあ」と独り言をつぶやくようにすると、小さなことでも喜べる人間になれます。そして、そういう人間はどんな事態にあっても不満を感じなくなります。

04

楽観的になれば、人生がラクになる

「(楽観タイプは)すぐ人を疑ったりしないので、容易に人とつながり、友人になります。話し方はなめらかで、態度や歩き方はのびやかです。」

『性格の法則』

性格が楽観的な人は、人生でそんなに苦労しません。どんな逆境にあっても、「まぁ、何とかなるだろう」と楽観的に考えることができるからです。いちいち不安にならずにすむので、心理的にラクなのです。

米国にあるブルッキングス研究所のキャロル・グラハムは、1995年時点で楽観的だった人は、その5年後の調査で、より多くのお金を稼ぎ、心理的な問題なども抱えずにすむことを明らかにしています。**楽観的であるほど、幸せな人生を送ることができる**という事実が確認されたといえるでしょう。

では、どうすれば楽観的になれるのでしょうか。

「楽観的になろう」とくり返し唱えて自分に言い聞かせてもよいのですが、**もっとたやすく、確実に楽観的になれる方法があります。それは、果物や野菜をたくさん食べること。**

ポーランドにあるワルシャワ生命科学大学のドミニカ・グラブスカは、果物や野菜を食べることと楽観的な性格との関連性を調べた論文を徹底的に探し出し、61の研究を見つけました。

その61の研究をメタ分析（個々の研究を一つのデータとみなし、総合的な結論を出すための統計手法のこと）をしたところ、たしかに果物や野菜をたくさん摂取する人ほど、楽観的になれることを発見しました。

なぜ果物や野菜がよいのかというと、グラブスカによれば**抑うつ障害を予防する栄養素をたくさん含んでいるため。なので果物や野菜をたくさん食べると、悩みが減り、抑うつになりにくくなるのだそうです。**

悲観的な人は、ひょっとすると果物や野菜をあまり食べないので悲観的になってしまっている、という可能性があります。

「あまり野菜は好きじゃないんだよな」という人がいるかもしれませんが、意識して野菜をたくさん食べるようにしてください。そうすれば楽観的になれます。将来的にうつ病になって抗うつ剤を飲むようになるよりは、野菜を食べることでうつ病の予防をしたほうがよいに決まっています。

私も昔はあまり果物や野菜を食べませんでしたが、最近では意識して果物をたくさん食べるようにしました。すると不思議なくらい心が明るくなることを自分でも確認できました。ぜひ読者のみなさんにも果物や野菜をたくさん摂取してもらいたいと思います。ビックリするほど本当に効きます。

05

しっかり睡眠時間を確保する

「睡眠障害は、その人がかなり用心深くて安心できないことを表しています。まるで人生という闘いから自分をうまく守るために、つねに警戒しているような状態です。」

『性格の法則』

ＯＥＣＤ加盟諸国の睡眠時間（15歳から64歳）を調べた２０１８年の研究を見ると、加盟国でもっとも睡眠時間が短いのは日本。日本人の平均睡眠時間は7時間22分。ＯＥＣＤ加盟国の平均は8時間25分ですので、世界の平均よりも1時間も短いのです。

こんなに睡眠不足で、大丈夫なのでしょうか。

もちろん、大丈夫なわけがありません。

睡眠時間が足りなくなると、身体は重く感じられますし、心理的にも陰鬱な気分になりやすくなります。睡眠時間が足りないのに、エネルギーが出るわけがないのです。当たり前のお話ですが。

しっかりと快眠を心がけると、それだけで私たちの心はイキイキとしてくるものです。ぐっすり眠ったときには、起きたときに清々しい気持ちになります。「よし、今日も頑張るか！」という意欲も高まります。

では、どうすれば質の高い睡眠がとれるのでしょうか。

一つの方法は睡眠前には、スマホやタブレットを見るのをやめること。

ハーバード・メディカル・スクールのアン・マリー・チャンの研究によると、睡眠前にスマホなどの発光するものを見ると、見ない人に比べて、メラトニンの分泌が減って眠気を感じにくくなり、眠りにつくまでの時間も長くかかるそうです。

よく眠れないと翌日にも疲労を持ち越すことになります。したがって、睡眠前にはスマホを触ってはいけないのです。

本を読んでいると自然に眠くなるので、就寝前に読書をする人もいるでしょう。読書はたしかによい方法ではあるものの、タブレットで読むのはいただけません。ブルーライトのせいで、かえって眠気が吹き飛んでしまいます。

ブルーライトカットの保護フィルムを貼ったり、ブルーライトカットのメガネなどをかけたりすれば少しは影響も減らせるでしょうが、個人的には昔ながらの紙の本のほうがよいような気もします。ブルーライトカットには、「カット」という言葉が入っているものの、ブルーライトの影響を完全にゼロにするわけではないからです。もちろん、タブレットでも自分には眠るのに何の影響もないと思うのなら、それでもかまいません。

私たちにとって睡眠は絶対に必要な疲労回復法なのですから、きっちりと睡眠時間は確保するようにしたいものです。

06

いろいろな人と付き合ってみる

「友だちとの遊びは共同体意識にとって一番の訓練になる。」

『The best of Alfred Adler』

食べ物の好き嫌いもそうですが、人間関係の好き嫌いもできるだけなくしたほうがいいですよ。「自分が好きな人とだけ付き合う」というのは、感心しません。嫌いな人にもどんどん話しかけてください。

最初は嫌いだと思っていたのに、自分から声をかけて話してみると、実際にはそんなに嫌いなタイプでもなかった、と気づくことは珍しくありません。嫌いだと思っていた食べ物も、しばらく我慢して食べるようにしていると、そのうち好きになっていくのと同じです。

人の選り好みをせず、いろいろな人と付き合うように意識すると、社会性も磨かれてゆきますし、どんな人ともお付き合いできるようになります。これはとても素晴らしいことです。

嫌いな人に話しかけるときには、「これは人間関係の能力を鍛える練習なんだ」と考えるといいですね。嫌いな人とお付き合いするための練習台になってもらうわけです。そのように割り切って考えると、嫌いな人にも積極的に声をかけることができます。

不思議なもので、嫌いな人でも何度も顔を合わせていると、嫌いだという感情はどんどん薄れ、むしろ親しみや愛情さえ感じるようになります。

顔を合わせる頻度が増えれば増えるほど、私たちはその相手に好意を感じるようになります。これを心理学では「単純接触効果」と呼んでいます。接触が増えるほど、好意を感じやすくなるのですね。

ミシガン大学のスーザン・サゲートは、顔を合わせる回数がゼロのとき、1回のとき、5回のとき、10回のときという条件で、相手に感じる好意を調べてみたことがあるのですが、単純に顔を合わせる回数が増えるほど、それに比例して好意も高くなることを実験的に確認しています。

最初は嫌いな人でも、何度も顔を合わせていると、「怖い人かと思ったけれども、全然そんなこともなかった」ということがわかることも少なくありません。たいていは自分の誤った思い込みで勝手に嫌っているケースのほうが多いのです。

まずは自分から率先して挨拶をしてみてください。

挨拶だけなら、たとえどんなに嫌いな人であってもそれほどの抵抗を感じずにすみます。同じ部署の人だけでなく、他部署の人や、受付の人や守衛さんなどにもどんどん挨拶してみてください。それだけでもずいぶんと社交性を磨くことができます。

07

あまりお金に執着しない

「わたしたちの文化には、いつもではないにしろ、魔法の力をふるっていると感じられるものがあります。それはお金です。」

『性格の法則』

言うまでもなく日本は立派な資本主義国家。資本主義の国では、とにかくお金がモノをいう社会です。お金がある人ほど、社会的なステータスも高くなります。

ということは、お金をたくさん稼げば、本人は幸せになれるのでしょうか。

調べてみると、どうも現実はそのようにならないみたいですね。

イリノイ大学のキャロル・ニッカーソンは、1976年に21の大学に入学した新入生に、「あなたにとって経済的に成功することはどれくらい重要なことですか?」と質問してみました。

それから約20年後に追跡調査をして、彼らがどれくらいの収入を得ているのか、またどれほど人生に満足しているのかを尋ねてみたのです。

すると興味深いことが2つわかりました。

1つ目は、「お金持ちになるのは自分にとって重要」と大学1年生のときに答えた人ほど、20年後の収入が高くなることがわかりました。本人が望むような夢をかなえることができたのです。

2つ目の結果は、**お金持ちになることを重視していた人たちほど、「人生満足度が低くなる」という衝撃の事実が明らかになったことです。**

「ええっ⁉　お金持ちになれたのだからハッピーなのでは？」と思うかもしれませんが、そうではありません。**お金持ちになることを重視している人は、とにかく仕事にすべてのエネルギーを注ぎ込んでしまうので、どうしてもプライベートが犠牲になります。家族と過ごす時間も減りますし、趣味の時間もとれません。そのためでしょうか、人生満足度は低くなるのです。**

たしかにお金を稼ぐことは大切ですよ。

けれども、お金に執着しすぎるのは考えものです。

仕事人間になって、仕事のことだけをしていたら、人生も味気なくなります。もちろん仕事には本気で取り組むべきですが、だからといってプライベートな部分をないがしろにしてよいわけがないのです。家族とも仲良くやったほうがいいですし、自分の趣味も充実させましょう。そういうバランスをとるようにしないと、つまらない人生を送ることになってしまいます。

08

自分なりのジンクスを持とう

「例えば、虎が戸の前に立っている、と私が信じているだけであっても、実際に虎が外にいようと、どちらでもいいことです。事実であるかは重要ではなくて、事実をどう見なすかが重要なことなのです。」

『教育困難な子どもたち』

客観的な根拠などなくとも、自分なりのジンクスを持っていると心強いですよ。「私はステーキを食べるとやる気が出る」というジンクスを持っていると、お肉にはやる気を引き出す成分などないのに、本人にはやる気が出るものです。自分がそう思い込んでいれば、自己暗示の効果が働くのでしょう。

ジンクスの効果をバカにしてはいけません。

プロのスポーツ選手もジンクスのお世話になっている人は、たくさんいるのです。プロは意味のないことはしません。ジンクスに効果があることを知っているので、ジンクスに頼るのです。

オランダにあるエラスムス大学のマイケラ・シッパーズは、サッカー、バレーボール、ホッケーのトップ選手197名に、どれくらいジンクスに頼っているのかを教えてもらいました。すると、**80・3%が自分なりのジンクスを持っていることがわかりました。10人中8人のプロが、ジンクスを信じていたのです。**

また、シッパーズは、プロの選手はジンクスを1つだけでなく、平均2・6個持っていることも明らかにしました。1つのジンクスでも十分に効果的なのでしょうが、2つ、3つと組み合わせることでさらなる相乗効果が見込めるのかもしれません。

なおプロの選手のジンクスで一番多いのは「特別なものを食べる」というジンクスでした。

197人中66人がそういうジンクスを持っていたのです。他には「特別な服や靴を身に着ける」が51人、「テレビや散歩など」がやはり51人でした。

読者のみなさんも自分なりのジンクスを持ってください。

自分なりのハッピーミール（これを食べると幸せな気持ちになれるというもの）を決めておき、特別な日にはそれを食べるようにするのです。そういうものがあると、一瞬で自分のやる気を高めたり、リラックスできたりしますので、とても便利です。

ジンクスを決めるときには、疑ったりしてはいけません。

「本当にこんなことで何か変わるのかな？」などと疑っていたら、自己暗示の効果は働きません。根拠などまったくなくてもいいのです。自分に効果があると思えば、本当に効果が出てくるのです。

09

悪い想定をしておく

「私の空想は無駄ではありませんでした。それは私の心の訓練になりました。」

『教育困難な子どもたち』

明るいことを考えたほうがよいに決まっておりますが、悪いことを考えるのはよくないのかというと、そうでもありません。あらかじめ悪い想定をしておくと、心理的なダメージを減らせるからです。

イヤな出来事でも、あらかじめ頭の中で想定しておくとわりとすんなり受け入れられるものです。おそらく悪い出来事を受け入れるための準備ができるからでしょう。

サザン・イリノイ大学のジョエル・フォックスマンは、75名の女性に集まってもらい、実験群には「これから10分後に、食用できる3匹の毛虫を食べてもらいます」と告げました。たとえ食用であっても、毛虫を食べたい人などおりませんよね。

比較のための統制群に割り当てられた人には、「これから10分後に、いくつかの重さの違う封筒を手に持って、その重さを推定してもらいます」という、どうでもいい作業をお願いしました。

さて10分が経過したところで、フォックスマンはいきなり条件を変えました。「調べてみると、すでにたくさんの参加者のデータが集まったようですので、毛虫を食べてもらっても、封筒の重さを推測してもらっても、どちらでもかまいません」と伝えたのです。

好きな選択ができるのであれば、毛虫を食べることを選ぶ人などいないと思いますよね。

ところが、もともと実験群に割り振られた人の多くが、「毛虫を食べる」を選んだのです。なぜかというと、10分待ってもらっている間にしっかりと心の準備ができたから。すでに心の準備ができていたので、毛虫を食べることを敬遠しなかったのです。

あらかじめ過酷な状況を頭の中で考えていると、私たちは心の準備ができて、それを受け入れるのです。

ものすごく練習がハードだということで有名な部活に入部する学生は、その辛さを頭の中で何度もイメージするでしょう。そのため知らないうちに心の準備ができ、辛さへの耐性を持つことができるのです。そして実際に練習に参加しても、「なんだ、言われているほど大変でもないな」と思えるのです。

悪い想定をしておくのは、心のウォーミングアップになります。

よいことばかりを考えていると、辛い出来事に直面したときに耐えられません。「話が違うではないか」「こんなはずじゃなかった」と、事態を受け入れられずにパニックになってしまうのです。

10

卵は一つのかごに盛るな

「自分の人生を他のすべての人より秀でることができるようにすることは、正常な成長にとってよいものではありません。」

『子どもの教育』

自己評価を高めたいのであれば、いろいろな点で評価を下すようにしたほうがいいですよ。決して一つの指標だけで自分に点数をつけてはいけません。

英語には、「卵を一つのかごに盛るな」という表現があります。もしうっかりかごを落としてしまったりすると、卵が全部割れてしまいますからね。そうならないように、いくつかのかごに分けて卵を盛ったほうがよいのです。

自己評価をするときも同じで、収入だけ、学歴だけ、顔だちだけで自分に点数をつけるのはとても危険です。その1つが劣ると、自己評価がすべて悪くなってしまいます。

米ニューヨーク州にあるナイアガラ・コミュニティ大学のジェイソン・オズボーンは、全米の1052の中学校に在籍する2万4599名の中学2年生について調査を行いました。

すると、白人の子どもは、学力と自尊心が密接に関係していました。**学力のある子どもほど自尊心は高く、学力のない子どもは自尊心が低くなっていたのです。けれども黒人の子どもは違いました。学力と自尊心には何の関係もなかったのです。**

オズボーンによると、白人の子どもは、学力という一つの指標だけで自己評価をしてしまうのだそうです。そのため、学力の高さがそのまま自尊心の高さに結びついてしまうのです。

ところが、**黒人の子どもは、学力だけで自己評価をしません。もっといろいろな次元で自己評価していました。**「私は、勉強はできないけど、スポーツ万能」「私は成績はよくないかもしれないが、クラスの人気者」というように、**いろいろな点を加味して総合的に自己評価をするので、学力が少しくらい劣っていても自尊心まで低くはならないのです。**

一つの指標だけで自分に点数をつけると、その指標が劣ると自分のすべてがつまらなく見えてしまうので注意してください。

収入という一つの指標で自己評価してしまうと、自分の年収が平均年収に到達していないというだけで絶望してしまうかもしれません。

体重という指標だけで自己評価すると、ぽっちゃり体型だというだけで、その人は自信を持てなくなるでしょう。

人間には、探そうと思えば自分の良いところなどいくらでも見つかると思いますので、さまざまな点も含めて自己評価をするのがポイントです。

第2章

息苦しく感じないための、ちょっとした心がけ

11

ダイエットしてみる

「虚栄心が程度を超えると非常に危険です。実際どうなのかということより、どう見えるのかという無益なことばかりにとり組み、他者よりも自分のこと、もしくはせいぜい他者が自分をどう思うかを考えるようになります。」

『性格の法則』

スリムになると、他人の目が気にならなくなる

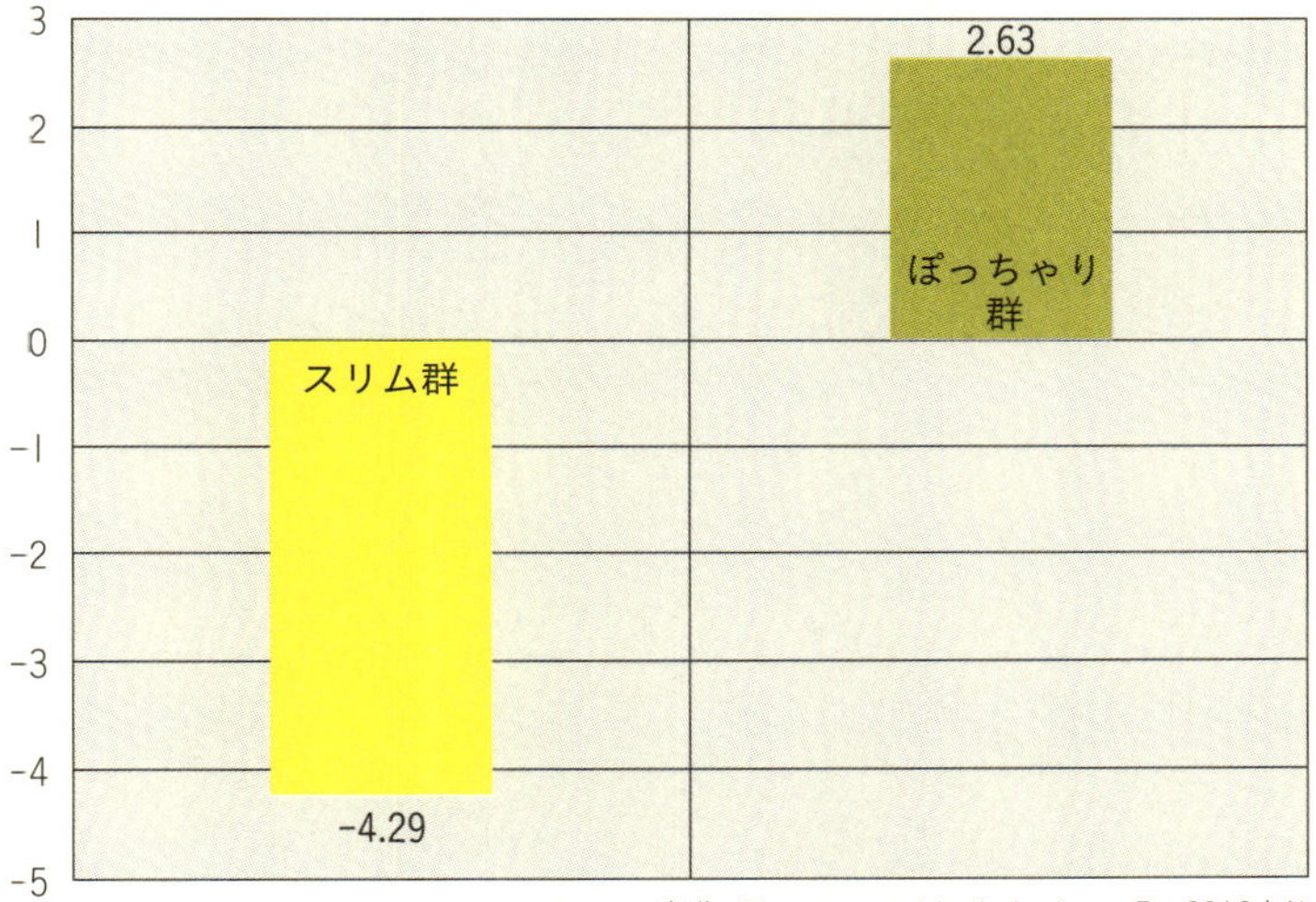

出典：Tiggemann, M., & Andrew, R., 2012より

ダイエットをすると健康的になれますが、さらに〝おまけ〟の心理効果があることは意外と知られていません。

実は、ダイエットをしてスリムになると、他人の目があまり気にならなくなるのです。おそらくは自分に自信が持てるようになるからでしょう。「他の人が自分をどんなふうに思うのだろうか？」とビクビクしなくてすむのは、とてもありがたいですよね。

オーストラリアにあるフリンダース大学のマリカ・ティグマンは、102名の女子大生を対象に他人に見られることの自己意識の高さを教えてもらいました。得点はマイナス25点からプラ

ス25点で測定しました。まったく気にならないのならマイナス25点、ものすごく気になるのならプラス25点になります。

また、それぞれの体重も教えてもらい、スリム群とぽっちゃり群にわけました。その結果は前ページのグラフのようになりました。

「他人の視線がどうにも気になってしかたがない」というのなら、ダイエットをしてみてください。自分の身体に自信が持てると、他人の視線もそれほど気にならなくなると思いますよ。

12

自分イジメをやめる

「自分の価値を過小評価し、自分の能力がわかっていない人を目にすることはよくある。」

『The best of Alfred Adler』

自分のことを悪く考えてはいけません。あまり己惚《うぬぼ》れてはいけませんが、自分自身に厳しい評価をするのをやめましょう。自分を悪く評価しても、得られるものはありません。むしろ、暗い人生を歩むことになってしまいます。

サザン・イリノイ大学のトーマス・シルは、115名の大学生に、自己卑下を測定する心理テストを受けてもらいました。「私なんかと一緒にいても、他の人はつまらないだろう」といった項目に答えてもらうことで、自己卑下の度合いを調べてみたのです。

その一方で、シルは、個人的な活動（読書など）、社会的な活動（だれかとご飯を食べる）、身体的な活動（お散歩など）をして、どれくらい喜べるかを尋ねてみました。

その結果、自己卑下の傾向が強い人ほど、どんな活動をしていても喜べないということがわかりました。特に女性ではその傾向が強いこともわかりました。

「どうせ私のことなんかだれも好きになってくれない」
「私は何をやってもダメだ」
「私は会社のお荷物だ」

こんな感じで自己卑下する人は、人生を楽しめるはずがありません。何をしていても、ちっとも楽しさを感じなくなってしまうのです。一人でいても、他の人と一緒のときでも、嬉しさを感じにくくなってしまうのです。

他ならぬ自分自身のことなのですから、もっと自分に甘い評価をしてもいいのではないでしょうか。

「私は仕事の能力はイマイチかもしれないが、職場のムードメーカー」だとか、「私は、ブサイクな顔をしているかもしれないけれども、よく見ると愛嬌のある顔をしている」とか、**とにかく自分の良いところをどんどん探すようにしてみてください。**

自分の良いところを考えるようにしていれば、自己卑下の傾向を抑制することができるようになります。

「私には、いっぱい欠点があるかもしれないけれども、それと同じくらい長所もたくさんある」と考えるようにするのがポイントです。

日本人は特に自分に厳しい人が多いと思いますので、できるだけ甘やかしてあげたほうがバランスもとれるのではないかと思います。

13

小さなことでイライラしない

「怒りっぽい人は、私たちのような文明国においては、多くの問題に直面する。」

『The best of Alfred Adler』

アドラーが指摘するように、怒りっぽい性格の人は損をします。なぜかというと、怒りっぽい人のことを好ましく思う人などいないからです。「あの人、怒りっぽくて素敵」と思う人などいません。

イライラ、カリカリしている人は、とにかく嫌われるものです。

オーストラリアにあるウェスタン・シドニー大学のピーター・ジョナサンは、「長くお付き合いしたいと思うとき、どういう人を『避け』ますか?」という調査をしてみました。

その結果、堂々の1位は、「怒りっぽい人」でした。

ちなみに、嫌われる人の特徴の2位は「浮気性」、3位は「信用できない人」、4位は「すでに恋人（配偶者）がいる人」、5位は「性病を持っている人」となりました。

怒りっぽい人は、とにかく社会生活を送る上で明らかな不利益を被ることが多くなるでしょう。ですから、できるだけ温和な性格を持つように努力してみてください。小さなことで腹を立てるのではなく、「まぁ、いいか」とすぐに水に流せるような人間を目指すのです。

日本には、達磨大師の言葉として、「気心腹口命」という有名な熟語があります。長生きの秘訣をあらわした禅語です。その全文は以下の通りです。

気は長く　心は丸く　腹立てず　口慎めば　命長かれ

頭文字をとって「気心腹口命」となるわけですが、個人的には特に「心は丸く、腹立てず」の箇所が参考になります。

いつでもニコニコしていて、そんなに腹を立てないようにするのが長生きの秘訣だと達磨大師は述べているわけですけれども、長生きできるだけでなく、「人間関係も良好になる」のです。

より正確に言えば、**イライラしない人は人間関係での問題を抱えることが少なくなるので、ストレスもなくなり、その結果として長生きができる、**ということになります。だれとでもガンガン衝突する人は、とにかく人間関係での問題が絶えず、非常にストレスの多い人生になってしまいますので注意してください。

14

神経質にならない

きれい好きであることは大切なことである。しかし、私がこれを私の人生の前面に押し出し、絶え間なくすべてのものをきれいにすることばかり考えれば、他のすべての必要な課題を放棄することになるばかりか、あらゆるものが不潔であり、生きることには苦労するだけの価値はないということに気づくことになるだろう。

『個人心理学の技術Ｉ』

読者のみなさんは、結婚がうまくいかなくなる一番の原因は何だと思いますか。

いろいろな原因が考えられますが、カナダにあるモンクトン大学のジュネヴィーヴ・ボーチャードによりますと、**結婚を破綻させる一番の要因は「神経質」であるかどうか。夫婦のどちらか、あるいは両方ともが神経質なタイプですと、結婚はうまくいかなくなるのだそうです。**

きれい好きなことは非常によいことだとは思いますが、それも程度問題。神経質なほどのきれい好きになると、それはよくありません。どれほどきれいにしても満足できなくなるからです。

神経質な人は、完璧主義であることが多いのですが、何事も100点満点というわけにはいかないものです。たとえば、部屋をピカピカに磨き上げたとしても、それでも目に見えないゴミやほこりは必ずあるはずで、無菌室にでもするのでなければ100点にはならないでしょう。

人生をしなやかに生きてゆくためには、ほどほどのところで満足するというメンタリティが必要です。

「まぁ、この程度でよいだろう」と満足するようにしなければ、不満ばかりが溜まってしまいます。

人に対してもそうです。**100点満点の人などはこの世に存在するわけがありませんので、相手に100点を求めるのはあまりにも酷というものでしょう。**

顔だちも100点、仕事ぶりも100点、料理の腕前も100点、スポーツも100点、芸術の才能も100点、などという人など現実にはいません。100点をパートナーに求めると、たえず気に入らない状態がつづくだけです。パートナーとしてもそういう神経質な人とは生活できませんので、早晩離婚することになるのです。

人間など欠点だらけが普通なのですから、悪い点ではなくて、よい点を探してあげるようにしましょう。そのほうが結婚生活もうまくいきます。

15

意志力を高める方法

「意志があれば、そのことが行為を始めようとしていることの証拠であるという考え方です。これはよくある思い違いです。意志と行為の間には大きな対立があるのです。」

『教育困難な子どもたち』

意志があるからといって行動が起きるわけではないとアドラーは指摘しているわけですが、この指摘は心理学的に正しいと言えます。

「選挙に行くつもり」という意志があっても、実際に投票に出かけるのかというと、そうでもないことはよくあります。「タバコを止める」と周囲の人に宣言しても、実際に禁煙できるのかというと、それは別の話です。

意志があるからといって、それがそのまま行動につながるのかというと、どうもそういうことにはならないケースのほうが多いのです。

スポーツジムに通おう、毎日1万歩のウォーキングをしようと思っても、すぐに意志が挫けて、三日坊主になってしまうことはよくありますが、意志力を強化できるような便利な方法はないものでしょうか。

実は、あるのです。

その方法は、**ぎゅっと手を握るだけという簡単な方法です。いわゆる握りこぶしを作ってみると、意志力が高まるのです。**

シンガポール国立大学のアイリス・ハンは、握りこぶしを作ることによって意志力が高まることを実験的に確認しました。

ハンは54名の実験参加者を2つのグループにわけ、実験群にはペンをしっかりと握ってもらい、比較のための統制群にはペンを人差し指と中指ではさんでもらいました。そのような状態で、たいていの人が嫌がる行動をとるように求めると、握りこぶしを作った条件の人は、イヤなことでもやる、と答えてくれました。

何となくイヤだな、何となくやりたくないなというときには、握りこぶしを作りましょう。そうすれば「でも、やろう」という強い意志力を得ることができます。

面倒な雑用を上司から求められたときには、作業に取りかかる前にぎゅっと手を握ってください。そうすれば少しは意欲も出てくるでしょう。

ではなぜ、握りこぶしを作ると意志力が強化できるのでしょうか。

その理由は、**握りこぶしを作ることが、戦闘態勢の姿勢だからです。握りこぶしは人を殴るときのしぐさですので、そういうしぐさをとっているとアドレナリンが自然と出てくるのです。**

私たちは、そんなに強い意志力を持っているわけではありませんが、握りこぶしを作ればよいという豆知識を覚えておくと、いろいろなところで役に立ちます。

16

苦労して覚えたほうがよい

「ほとんど努力することなしに手に入れた成功は滅びやすいものです。」

『子どもの教育』

自分のスキルアップをしたいのであれば、できるだけ苦労をしたほうがいいでしょう。苦労もしないで身につけたスキルはたいてい役に立ちません。苦労すればするほど、スキルは血肉化していくものです。

勉強もそうです。簡単に覚えたことはすぐに忘れます。苦労して覚えたものは、覚えるまでには時間がかかるかもしれませんが、結局は、記憶の定着率もよいのです。

米ノーザン・コロラド大学のジーン・オームロッドは、大学生になじみがなく、スペルも難しい50個の単語（Hemorrhoidsなど。「痔」という意味の単語です）の記憶実験をしています。

普通の記憶条件では、単語を5回連続で正しく書けたら、次の単語へと移りました。

過剰学習（オーバーラーニング）条件では、5回連続で書けても、さらに10回その単語のスペルを書くことになっていました。

作業が終わったところで記憶のテストをしてみると、過剰学習条件のほうが正しく覚えられることがわかりました。覚えてもらった50個の単語のうち、12個の単語でテストしてみると、普通の記憶条件ではそのうちの平均7・67個しか答えられませんでしたが、過剰学習条件では平均10・08個も正しく答えることができたのです。

またオームロッドは、3週間後に抜き打ちでもう一度記憶のテストをしてみましたが、やはり過剰学習条件のほうが正しく答えられることがわかりました。

「よし、もう覚えたぞ」と思っても、そこでやめてはいけません。そこからさらにしつこいくらい過剰学習したほうが、結局は、自分のためになります。

プロのピアニストは、覚えようという曲を弾けたら、そこで練習をやめてしまうのでしょうか。いいえ、違います。そこからさらに練習に練習を重ねるのが普通です。徹底的に練習をするからプロでいられるのです。

勉強でも、仕事でも、苦労をすればするほど確実に我がものとすることができます。簡単に身についたものは、やはり簡単に消えてしまうということを覚えておきましょう。苦労している最中には、「よし、これで血肉化できる」と考えるようにすれば、苦労も苦労と感じなくなります。

17

環境を変えてみる

「子どもが変わるとすれば、状況が変わるからです。例えば、思いがけない成功をおさめた時、あるいは、担任が厳しい教師からやさしい先生に代わった時です。」

『子どもの教育』

現代人は自分のことばかり考えて、他人のことなど顧みません。ただし、これはあくまでも一般論であって、そうでない人もたくさんいます。たとえば、田舎の人。田舎には、心のやさしい人が相対的に多いのです。都会の人は、「我関せず」の態度をとりやすく、冷たい人が多いのですけれども、田舎は違います。田舎の人は知らない人にも挨拶をしてくれたり、電車でたまたま隣り合わせた人に、自分の持っているお菓子やミカンなどをおすそ分けしてくれたりする人が少なくありません。

米ジョージア・サザン大学のシャウナ・ウィルソンは、田舎と都市部にアシスタントを送り込み、一人で歩いている人がいたら、その前を歩き、封筒をさりげなく落としてみて、10秒以内に拾ってくれるかどうかを検証する実験をしてみました。

その結果、拾ってくれるやさしい人は田舎で80%、都市部で60%であることがわかりました。また助けてくれるまでの時間も田舎のほうが早いことも明らかにされました。田舎では、封筒を落としてから平均3・7秒で拾ってくれましたが、都市部では平均5・3秒かかったのです。

人間関係がギスギスしているように感じたり、みんなが冷たいと感じていたりすることに悩んでいるのなら、田舎への移住を考えてみるのはどうでしょう。**住む環境を変えてみ**

ると、悩みが消えることは少なくありません。

「田舎への移住はちょっとハードルが高い」という人は、転職するのもいいですよ。

今の職場の雰囲気がどうにも冷ややかで満足できないというのなら、たとえ給料が減ることになってしまったとしても、アットホームな雰囲気の職場を探し、そちらに転職するのです。そのほうが毎日、楽しい気持ちで暮らせます。

私たちの心理というものは、環境に応じて変わるのです。

自分の心理を変えるよりも、むしろ環境を変えることを考えたほうが、現実的にはすんなり問題も解決されることが少なくありません。

悶々としながら現状を嘆くよりも、環境を変えてみることを考えましょう。モヤモヤが消えて、ものすごくスッキリするはずですから。

18

「できない」と思っているのは本人だけ

大きな困難は、自分を過小評価するということです。「もう追いつくことはできない」と信じるのです。これは本当ではありません。実際追いつけるからです。判断が誤っていることを指摘しないといけません。さもなければ、生涯にわたる固定観念になってしまいます。

『子どもの教育』

「できない」という言葉は絶対に口にしないようにしてください。なぜなら、「できない」と思っていると本当に「できない」人間になってしまうからです。そういう思い込みをしないためにも、「私にはうまくできません」という言葉は口にしないほうがよいのです。

自分にはできないと思っていても、けっこうできてしまうことはよくあります。

カナダにあるブリティッシュ・コロンビア大学のリン・アルデンは、「自己主張するのが大の苦手」という人と、得意な人に集まってもらい、ビデオの前で相手の申し出を拒絶したり、相手にムリな要求をしたりする役割の演技をしてもらいました。

演技が終わったところで、「あなたはどれくらいうまく自己主張できたと思いますか?」と聞いてみました。すると、自己主張が苦手な人たちは、「声が震えていてみっともない」「しどろもどろで何を言っているのかよくわからない」などと悪い自己評価をしました。

ところが、ビデオ撮影したものを別の人に見てもらい、「どれくらいうまく自己主張できていると思いますか?」と尋ねてみると、自己主張が苦手な人が演技をしているときでも「スムーズに話せている」「不安を感じるようには見えない」とものすごく好ましい評価を受けたのです。自己主張が苦手な人も、自己主張が得意な人とまったく遜色のない評価を受けたのでした。

結局、「うまく話せない」というのは本人の思い込みにすぎず、他の人から見たら十分に「うまく話せている」と評価してもらえることのほうが多いのです。

私たちは、ともすると自分自身にものすごく厳しい得点をつけてしまうものですが、周りの人はそんなふうには思っていません。もっと好意的に評価してくれるものですから、そんなに心配もしないでください。

自己評価が低すぎる人は、他の人に聞いてみるといいですよ。自分の仕事ぶりがどうにも悪いように思うのなら、職場の同僚に「私の仕事ぶりって、10段階の評価で何点くらい？」と聞いてみるのです。おそらく自分では1点とか2点だと思っていても、他の人の目から見ると「8点くらいじゃない？」とびっくりするほど高い答えが返ってくると思います。

あまりに自己評価が高すぎるのも問題ですが、低すぎるのはもっと大きな問題です。もう少しだけ自分に自信を持ちましょう。実際に、そんなに悪いということはそんなにないものです。

19

認知バイアス（心の歪み）を修正しよう

「家系図を作る場合に、どの世代にも２人の親がいるということを忘れて、大部分の祖先を無視するということです。五代遡れば、64人の先祖がいます。（中略）十代遡ると、先祖は４０９６人いるので、この中に１人以上でないにしても、１人の非常に有能な人を見つけることができることは疑いありません。」

『子どもの教育』

私たちの認知は、ポジティブな方向に歪むこともあれば、ネガティブな方向に歪むこともあります。

ポジティブな方向に歪んでいる場合、たとえば自分には才能があるとか、私はイケメンであるとか、私にはファッションセンスがあるとか、ともかくポジティブな方向に歪んでいる場合には、そんなに問題はありません。実際以上に自分を高く評価するので、周りの人たちには「勘違いしている人」と思われるかもしれませんが、本人は満足しているのですからそれなりに幸せだと言えます。

問題があるのはネガティブな方向に認知が歪んでいる場合。両親がおバカさんだったので私もおバカさんなのはしかたがないとか、学歴が低いのでロクな仕事に就けないのは当然だとか、生まれつきブサイクなので恋人ができないという方向に歪んでいるのだとしたら人生も苦しくなってしまいます。

ペンシルバニア大学のローレン・ハリオンによると、**不安を感じたり、うつ病になったりするのは、「認知の歪み」が原因であるそうです。そんなに危険でもないのに脅威だと感じてしまったり、勝手な因果関係をこしらえてしまったりするので、心が苦しくなってしまうのだそうです。**

アドラーは、「私の家系はみんなたいしたことがない」と認知が歪んでいる人には、何代も前のご先祖さまについて考えてみたらどうでしょう、とアドバイスしています。10代も前のご先祖さままで遡って調べれば、4000人以上にもなるので、どなたか1人くらいは、「こんなに立派な人が私の家系にもいたのか」という人が見つかるだろうというのです。

3代前のご先祖さまは裕福だったとか、5代前のご先祖さまは県知事を勤めた人であるとか、必ず見つかります。10代遡ってもいないのなら、見つかるまで遡って家系を調べるのもよいでしょう。

ネガティブな認知の歪みを修正したいのであれば、修正できるような情報を探してみることです。

幸いなことに、テクノロジーが発達した現代では、いくらでも簡単に情報検索ができますので、自分の認知を修正できるような情報を簡単に調べることができるでしょう。

私は学歴が低いというコンプレックスを持っているのなら、「中卒の有名人」とか「高卒の有名人」というキーワードで検索してみてください。高卒でも東大の教授になった建築家の安藤忠雄さんですとか、中卒でも東大の教授になった牧野富太郎さんなど、たくさんの人が見つかり、勇気づけられます。

自分の顔だちが大嫌いなのなら、「美女と野獣の組み合わせの芸能人」で調べてみましょう。意外にたくさんのカップルが見つかり、「私だって大丈夫かも？」と認知の歪みを修正できるかもしれません。

20

頑張っている人を見れば、自分も頑張れる

「あることが、実際に困難であるからできないというよりは、それをしないですむように、困難であると見なし、自分にはできないと思いこもうとするのが本当です。」

『勇気はいかに回復されるのか』

チャレンジすることなく、「どうせ自分にはできっこない」と早々に白旗を上げてしまうような人は、何事も成し遂げることができません。本気で取り組めば何とかなるかもしれないのに、本人にその気がなければどうしようもないのです。

では、どうすればこういう人もやる気になれるのでしょうか。

一つの方法として、頑張って努力している人をしばらく観察してみることです。

頑張っている人を見ていると、「私も頑張ってみよう」という気持ちになれます。どの本で読んだのかちょっと忘れてしまったのですけれども、サッカー日本代表のキャプテンを務めた槙野智章さんは、夏の暑い日に工事現場で働いている人を見るとやる気が出てくると語っていたので、私は大いに共感しました。実は私もまったく同じように、汗水を垂らして働く人を見ることがあるからです。

シアトル・パシフィック大学のサン・エリクソンは、うつ病と不安障害と診断されて心療内科に通っている47名の人に、10日間の日記をつけてもらい、その内容を調査してみたことがあります。

すると、うつ病の人でも、毎日、いつでも落ち込んでいるかというとそんなこともなく、他の人の頑張っている姿を見ると、気分が高揚することがわかりました。頑張っている人を観察する方法は、心理学的にも効果的な方法だといえます。

頑張っている人を見ていると、私たちも頑張ろうという気持ちになります。

これは「モデリング効果」と呼ばれています。

「モデル」（お手本）になる人を観察していると、そのモデルがやっていることを自分も真似てみようという気持ちになるのが、モデリング効果です。汗水を垂らして頑張っている人を見ると、「よし、私も！」という勇気をわけてもらえるでしょう。

職場にダラダラしている人がいて、そういう人が目に入ってくると、悪い方向でのモデリング効果が起きてしまいます。「私も同じように手を抜くか」という気持ちになってしまうので注意してください。観察すべきは、がむしゃらに頑張っている人のほうです。

「この人は、休憩も取らずによく頑張っているな」と感心してしまうような人が、モデリングの対象としてはよいでしょう。職場にそういう人がいないのなら、街中で頑張っている人がいたら、少しだけ立ち止まり、その仕事ぶりを見させてもらいましょう。

第3章

仕事がもっとラクになる心理テクニック

21

暗黙のルールを早々に見つけ出そう

「人間を知るための基本事実として、人が集まるとルールが生まれるということは想定しておく必要があります。」

『人間の本性』

どんな職場にも、明文化されていない〝暗黙のルール〟が存在します。社内のイベントは強制参加ではないと言いながら、実際には参加しないとものすごく人事考課が悪くなってしまうとか、仕事に直結する業績を上げるよりも、だれにでも愛想よく振る舞う人のほうが出世しやすいとか、いろいろなルールがあるものです。

まずは、自分が働く職場にどのような〝暗黙のルール〟があるのかをしっかりと探り出しましょう。それを知っておかないと、どういう振る舞いが正解なのかがわかりません。ルールを知らないでスポーツをするようなものです。

カリフォルニア大学のアーリー・ホックシールドによると、どんな会社、どんな組織にも暗黙のルールがあり、その期待から外れないようにするのが気疲れしないコツだそうです。ルールがわかっていれば、どう行動するのがよいのかがわかるので、いちいちビクビクしないですむのです。

外国で生活するときには、最初のうちはものすごく苦労します。その社会でどうするのが正解なのかがわからないので、気が休まらないのです。ところが何か月か経って社会のルールがわかってくれば、少しも苦になりません。いったんルールを知ってしまえば、そのルールを守ればいいだけの話です。

職場でも同じです。

慣れない新人は、どうするのが正解なのかがわからないので、みっともなく右往左往してしまいますが、暗黙のルールを知れば、「なるほど、こうするといいわけだな」ということがわかるので苦労もしなくなるのです。

米イエール大学のリチャード・ワグナーは、とある地方銀行のマネジャーを調査し、「私は職場の暗黙のルールについてよくわかっている」と答える人ほど、2年後までの給料の増大率が高くなるという結果を明らかにしています。暗黙のルールを知っておくと、昇給もたやすくなるのですね。

どのような暗黙のルールが存在するのかは、それこそ会社によって千差万別ですので、とにかく周りの人の行動をしっかり観察して、自分の職場のルールを暴き出さなければなりません。なかには、「えっ、うちの会社ってこんなルールもあったの⁉」とびっくりするようなルールも存在するかもしれません。

22

失敗で人は大きくなる

自然という観点から見ると、人間は劣った存在だということです。けれど、人間に備わったこの劣等、自分に足りない部分があって安心できないと感じさせるこの劣等は、ずっと続く刺激として働きます。人生に適応し、将来の準備をし、自然における人間の立場のデメリットを補う状況を作っていく刺激になります。

『人間の本性』

仕事ではどんどん失敗することをおすすめします。特に、若いうちはそうです。若いときの失敗など、時が経てば笑い話にしかなりません。積極的に失敗したほうがよいのです。

恥ずかしい話ですが、私も若い頃には数えきれないほどの失敗を重ねてきました。服装もだらしなかったですし、敬語もうまく使えませんでしたし、失礼なことを言って相手を不機嫌にさせてしまうことも一再ならずありました。酒席での失敗もありました。思い出すと恥ずかしさで穴があったら入りたいほどです。

失敗を大歓迎したほうがよいのは、それによって人は成長するからです。

失敗したときくらいしか人間は反省もしません。うまくいっているときには、反省する必要もないので、私たちは現状維持をつづけます。失敗して、恥ずかしい思いをして、ようやく「二度とこんなことをしないようにしなければ」と心に誓うのです。

ノートルダム大学のスザンナ・ナスコは、293名の大学生に1か月の期間をあけて2回の試験を受けてもらいました。

その結果、1回目の試験でひどい成績だった学生ほど、2回目の試験で高得点をあげるという面白い現象が見つかりました。

1回目の試験でそこそこの成績だった学生は、2回目も大丈夫だろうと安易に考えてしまい、そんなに勉強もしません。ところが、1回目の試験で見事に大失敗した学生は、「これでは単位を落としてしまう」と猛反省したのでしょう、2回目の試験のときには相当に前から準備をしたのです。

失敗するのは決してマイナスではありません。

「このままではマズイ」という危機意識が高まるので、自分の行動を変えるチャンスなのです。

よくある自己啓発の本を読むと、「失敗しても気にしないほうがいいよ」と書かれていたりするのですが、逆です。大いに気にしてください。そして二度と失敗しないようにするにはどうすればいいのかを自分なりに考えてください。

23

お互いの相性を判別するテスト

2人が結婚するのにふさわしいかどうかを知るための古いドイツの方法がある。2人に両端に取っ手のついたのこぎりを与え、丸太を切ってもらうのだ。親戚たちは周りに集まって、2人が調和のとれた切り方をしているかどうかを確認するのである。この方法は、結婚が適切かどうかを判断するテストとして見なしてよいであろう。

『The best of Alfred Adler』

心理学者は、2人の相性がどれだけよいのか、肌が合うのかどうかをちょっとした観察で見抜くことができます。そのときに注目する手がかりが、「シンクロニー」。相性のよい、あるいは親密感をお互いに感じている2人は、なぜかお互いの表情や声や姿勢が一致することが多くなるのです。これがシンクロニー。

たとえば、非常に良好な関係を築いている上司と部下は、近くで観察していると驚くほどに姿勢が一致しているので、思わず笑ってしまうほどです。上司が足を組むと、すぐに部下も足を組みますし、上司が腕を組むと部下も腕を組みます。上司が髪の毛を触り始めると、部下もそうするのです。

スイスにあるスウィンバーン大学のファビエン・ラムセイヤーは、70名の患者さんとお医者さんのやりとりをビデオに撮影させてもらったものを分析してみました。

すると**患者とお医者さんのシンクロニーが増えるほど、お互いに関係がよくなることが判明しました。**さらに、シンクロニーが増えるほど、患者の症状も軽くなることもわかったそうです。

職場の人間関係が非常に良好な会社かどうかは、社員がどれだけ似ているかで判断することができます。

私たちは、好きな人のことは真似しようとするものですが、雰囲気のよい職場で働く人たちは、不思議なことに顔も似てきてしまうもの。明るい声も似てきますし、体型も似てきてしまいます。それに加えて姿勢も似ていることが多いのです。

「夫婦仲がよいと、顔だちが似てくる」とも言われますが、これは本当です。それと同じことが職場でもいえるのではないでしょうか。

気になる相手がいて、自分とどれくらい相性がよいのかをこっそりとテストしたいのであれば、どれくらいシンクロニーが見られるのかを確認してみるとよいですよ。気づくと、仕事中にお互いペンの後ろを嚙んでいるとか、お茶を飲むタイミングがぴったり一致しているとか、そういうシンクロニーが多いなと思うのなら、おそらく相手もみなさんのことを嫌っていないはずです。

24

人嫌いでも大丈夫な仕事はある

「性格」というのは社会的な概念なのです。人と周囲のつながりを考慮しなければ性格について語ることはできません。たとえば、無人島に暮らすロビンソン・クルーソーなら、どんな性格をしているのかは問題にならないでしょう。

『性格の法則』

アドラーの心理学では他の人とのつながりが強調されます。山奥に隠棲《いんせい》でもしなければ、人付き合いは避けられません。社会生活を送る上では、どうしても人付き合いをしなければならないのです。

では、人と付き合うのが苦手な人には救いはないのでしょうか。

いいえ、そんなこともありません。

実は、人とのやり取りがどうしても難しい人にピッタリなお仕事というものがあるのです。

それはコンピュータのプログラマー。プログラマーの仕事をするにあたっては、人付き合いの能力はそれほど必要とされないということも、すでに研究で明らかにされているのです。

フロリダ州立大学のジェラルド・フェリスは、106名のプログラマー（男性74名、女性32名）に、人付き合いの能力を測定するテストを受けてもらいました。「相手の立場で考えるのは私にとってそんなに苦痛でもない」「状況に応じてどう振る舞えばよいのかがわかる」といった項目のテストです。その一方で、それぞれの年収についても教えてもらいました。

その結果、人付き合いの能力が「足りない人」ほど、年収も高くなることがわかったのです。

なぜプログラマーでは、人付き合いの「苦手な人」ほど年収が高くなるのでしょうか。その理由は、プログラマーという職業においては、他の人とうまくやっていく能力よりも、黙々と目の前の作業をこなす能力のほうが重要だから。自分の仕事にだけ集中し、他の人とペチャクチャおしゃべりなどをしない人のほうが当然ながら生産性も高くなり、それが評価されて年収もアップするのです。

もちろん、プログラマー以外の仕事でも、人嫌いな人に向いている仕事はあります。

イスラエルにあるインターディスプリナリ・センター・ヘルズリヤのツァチ・アインドールによりますと、プロのテニスプレーヤーでも同じ結果が確認されました。テニスの世界では、自分の力だけを頼りに、黙々と練習する人のほうが公式のランキングが高くなるそうです。また、アインドールは、続く第2研究でコンピュータ・サイエンスをやっている人でも、人嫌いほど成功することを突き止めています。

人嫌いだからといって、人生がすべてダメになるわけではありません。悲観する必要はありません。探せば、人嫌いなほうがうまくいく仕事もけっこう見つかるのですから。

25

諦めてしまうのも一つの手

「人と交わろうとしなければ、人づきあいで敗北することはありませんん。」

『なぜ心は病むのか』

自分に人嫌いだという自覚があるのでしたら、人嫌いでもまったく大丈夫というか、むしろ人嫌いなほうが成功する見込みのある職業に就いたほうがいいですよ、というアドバイスをしました。

「どうしても自分にはムリ」というのであれば、さっさと諦めたほうが賢明です。自分にとって不可能なことは、どんなに頑張っても不可能なのだと諦めたほうが、精神的には健康でいられます。

カナダにあるコンコーディア大学のカーステン・ロッシュによりますと、達成不可能な目標なら早々に諦めてしまったほうが、うつの症状やネガティブ感情も減少するそうです。

「ムリなものはムリ」と割り切ったほうが、スッキリした気分でいられるのです。

社会で生きていくためには、できるだけ人嫌いなところを直したほうがよいとは思いますけれども、「私は逆立ちしても人付き合いが苦手」だというのであれば、人嫌いでも何とかなるところで生きるようにしましょう。

ものすごく大雑把に言いますと、人嫌いな人ほど理系の職業が向いています。

ケンブリッジ大学のサイモン・バロン＝コーエンは、ケンブリッジ大学の数学、エンジニアリング、物理学専攻の641名の大学生と、英文学、フランス文学専攻の652名の学生に、「あなたの家族あるいは親戚に、自閉症や、統合失調症、躁うつ病などの人がいますか？」と聞いてみました。

すると自閉症は理系に、躁うつ病は文系に多いことがわかりました。人間関係がうまくできない自閉症の人には、理系のほうが向いているので、このような結果になるのでしょう。

「理系に向いている職業」で検索してみると、薬剤師、データサイエンティスト、整備士など、いくらでも職業があることがわかります。そういう仕事のほうが、人嫌いでも成功する見込みは高くなるのではないかと思われます。

―26―

男性的な演技が必要になることもある

「やさしさは弱さの証のように見えてしまうので、やさしさの感情を抑圧するのに苦労している人もいる。」

『The best of Alfred Adler』

やさしさは人間としての美徳ではあるものの、日本のような競争社会においては、そのやさしさが仇になることもあります。そういう現実があることも認識しておく必要があります。

米国ラトガース大学のローリー・ルドマンは、男性的に振る舞う人物のビデオ（独立的で、プレッシャーに強く、野心家など）と、女性的に振る舞う人物のビデオ（やさしく親切で、人の話をよく聞き、相手の気持ちを考えるなど）を実験的に作成し、237名の人に見せて、「あなたならこの人物を雇いますか？」と聞いてみました。

その結果、ビデオの登場人物が男性的に振る舞うほど、「雇うだろう」と判断されやすくなることがわかりました。また、男性的に振る舞う人ほど、「有能に見える」と判断されることもわかりました。

男性的に振る舞うと、「何となく、この人は仕事ができそう」と思ってもらいやすくなるわけです。

というわけで、本当の性格はとてもやさしい人でも、せめて勤務時間中くらいは、男性的に見える演技をしたほうが、何かとトクをするでしょう。自信がありそうな顔をして、少しだけ大きな声を出すようにして、大げさな身振りなども加えてみてください。そういう演技をしていたほうが、仕事はうまくいきます。

性格を変える必要はありません。

あくまでも「演技なのだ」と割り切って考えることです。そのほうがうまくいきます。もともと女性的でやさしい人でも、仕事中は演技だと思えばそんなに心理的な抵抗もないのではないでしょうか。

ディズニーのスタッフは、仕事に入るときには「オンステージ」、バックヤードに下がって休憩をとるときや、仕事が終わったりしたときには「オフステージ」と考えるように指導されるようですが、この考え方を読者のみなさんも真似をしましょう。勤務時間中は、舞台上で演技をする俳優にでもなったつもりになるのです。

演技をしばらくつづけていると、仕事のときの自分を演じるのもどんどんうまくなってゆきます。最初はちょっぴり心理的な抵抗があるかもしれませんが、強そうな人間を演じるのはとても役に立ちますので、ぜひ身につけたいものです。

27

自分がソンをするくらいでちょうどいい

聖書にもある、「与うるは受くるより幸なり」と。

『The best of Alfred Adler』

性格的にケチな人は、一般に人気がありません。だれかと食事をするときにはワリカンでもかまいませんが、ほんのちょっぴりでも自分のほうが多くお金を出すという気配りができなければ、人間関係はうまくいかないのではないかと思います。

これはお金の話だけではありません。

みんなで仕事を分担するときには、面倒なこと、時間がかかりそうなこと、みんなが嫌がりそうなことを自分が率先して引き受けてあげるのです。

「そんなことをしていたら、自分ばかりがソンをするではないか」などとケチな料簡《りょうけん》で行動していたら、だれからも煙たがられる存在になってしまいます。

それにまた、他の人よりも自分のほうが率先してソンをする、という行動原理をとるようにしていると、周囲の人からの評価はものすごく高くなります。つまり、自分の株は上がるのです。お金や労力の面ではソンをするかもしれませんが、「あの人はいい人だ」という社会的な評価のほうは高くなるのですから、結局は、トクをすることになるのではないでしょうか。

さらに言うと、人に親切にしていると、自分自身も気持ちよく生きていくことができます。つまり、幸福な人生を歩めるということです。周囲の人たちからの自分の株が上がるだけでなく、自分自身も幸せになれるのですから一石二鳥の効果があるのです。

カナダにあるブリティッシュ・コロンビア大学のララ・アクニンは、136か国での調査を行い、他の人のためにたくさんお金を出す人ほど、幸福感が高くなることを突き止めました。文化的、経済的な背景が違っても、どの国の人でも、チャリティ募金を積極的にするなど、**他の人に親切をする人ほど、幸福感を得ていたのです。**

聖書が言うように「与うるは受くるより幸なり」というのは、事実です。

惜しみなく与える人は、幸福になれます。

ほんの少しでもいいことをすると幸せになれることは、読者のみなさんもご自身で試してみれば、すぐに実感できますよ。

たとえば、駅前を歩いていたりして献血をしている場面に出会ったら、ぜひ献血してみてください。血を抜かれることは最初の何回かは怖いかもしれませんが、何か善いことをした気持ちになり、心はとても清々しく感じます。

あるいは、コンビニやスーパーのレジの横に募金箱があったら、1円でも5円でも募金してみてください。店員さんが微笑んで「ありがとうございます」と言ってくれるのを見ると、こちらの心も温まるはずです。

28

だれに対しても親切に

「他人に親切にし、援助し、喜びを与える準備をどの程度しているのかを調べることで、その人の社会性を知ることができる。」

『The best of Alfred Adler』

他人に親切にすることはとても大切なことなのでもう少しお話をつづけましょう。

読者のみなさんは、結婚相手を決めるときにどのような基準で相手を選ぶと思いますか。判断の基準はそれこそいくらでもあると思うのですが、一番の決め手は何だと思いますか。


「う〜ん、やっぱり〝顔〟で選ぶかなぁ…」

「やっぱり、〝経済力〟かな。お金がないとね」

「そんなの〝頭の良さ〟一択でしょ。バカはお断り」


もしこのように考えたのだとしたら、残念ながらすべてハズレ。

米ミシガン大学のデビッド・バスは、たくさんの夫婦に「結婚にあたっての決め手」を尋ねてみたのですが、一番大きな決め手は「親切要因」であることが明らかにされました。

ハンサムであるとか美人であるとか、親が資産家かどうかということが大切のように思われるかもしれませんが、実際にはそういう要因はどうでもいいのです。顔が少しくらいブサイクであっても、少しくらい貧乏でも、とにかく親切であれば絶対に好ましく評価してもらえますし、結婚もできるのです。

人に親切にするということは、喜んで自己犠牲できるということです。

そういう人は、職場でも好ましく評価されます。

オランダにあるエラスムス大学のデビッド・デクレマーは、自己犠牲的な人物のシナリオ（「チームのために自分の遊ぶ時間を削る」「自分の趣味の時間を犠牲にする」「自腹を切る」）と、そうでない人物のシナリオ（「チームのために決して時間を使わない」「お金も使わない」）を作って、7点満点で好ましさを評価してもらいました。

すると自己犠牲的な人は4・87点、そうでない人は2・40点という結果になりました。自己犠牲的な人のほうが2倍も好印象を与えることが明らかにされたのです。

ケチな人はダメです。

自分に対してはケチであってもかまいませんが、他の人にはお金や時間や労力をどんどん使ってください。

他の人が喜んでくれるようなことを積極的にやるようにしていると、読者のみなさんの株はびっくりするくらい高くなりますよ。「ソンをする」ということは絶対にありませんので、安心して親切をしてください。

29

共感できる人ほど仕事はうまくいく

仕事で成功するかどうかは、どれほど社会的に適応しているかによって決まる。同僚やお客の立場で物事を考え、その欲求を理解できることは、仕事での大きなアドバンテージとなるからである。

『The best of Alfred Adler』

どんな業界で働いていても、確実に成功するのは相手の感情に共感できる人です。「心配性のお客さまのようだから、こまめに進捗具合を教えてあげると喜んでくれそうだな」といったことを敏感に察知できる人ほど、仕事はうまくいきます。何しろ相手が嬉しく思うことをしてあげられるわけですから。

ドイツのギーセン大学のアンジェロ・ガルディニは、銀行のサービス業務（お客さまの融資の相談など）に携わる396名の銀行員についての調査を行い、感情有能性の高い人ほどお客さまからの評価も高くなることを明らかにしています。ちなみに、感情有能性というのは、「お客さまの感情に敏感」「お客さまの立場で考える」といった項目で測定したものです。

相手の気持ちに共感できる人は、ソツのない対応をとることができます。「痒いところに手が届く」対応をしてくれるので、お客さまも大喜びしてくれるのです。

自分本位で、自分のことしか考えていない人は、どんな業界の、どんな仕事をしていてもうまくいきません。なぜなら、どんな業界でも人間関係は避けて通れないものだからです。

「自分の仕事だけをきっちりやっていれば、それでいいんでしょ」という考えは間違いです。そういう人は、どんな職場でも浮いた存在になります。

乱暴なことを言えば、本来の仕事などどうでもいいのです。仕事よりも、職場の人たち、あるいはお客さまとの人間関係を重視しましょう。そのほうが仕事はうまくいく可能性が高くなります。

私は、これまでに200冊以上の本を出させてもらっています。というと、「よほど文才があるのだろう」と思われるかもしれませんが、そうではありません。残念ながら、私にはそんな才能はありません。

では、どうやってそんなにたくさんの本を書かせてもらっているのかというと、**どの出版社の、どの編集者とでも良好な関係を築くことに力を入れているからです。**

編集者が「次の本のカバーはこれこれで勝負したい」といえば、私はそれに反対しませんし、「本のタイトルはこれで行かせてください」と編集者に言われたら、やはりOKを出します。「急ぎの仕事でもかまいませんか？」という依頼も快く引き受けます。

どの業界でもそうだと思うのですが、頑固で偏屈な人とお付き合いしたいという人はいません。相手の言い分をホイホイと聞いてあげるような、素直で従順な人になりましょう。そうすれば、どの業界でも成功すると思いますよ。

30

だれに対しても協力的に

「共同体で求められるのは、ある程度の従順さや適応、協力して他者を助ける能力であって、ほかの人を上回るために支配権を得ることではありません。」

『性格の法則』

社会で必要なのは、他の人と仲良くやっていける能力。これがないと生きていくことができません。

だれに対しても親切な振る舞いを心がけましょう。どこにも敵を作らないように、いつでも親切にするのがポイントです。自分よりも立場が上の人には協力的でペコペコしているくせに、下の人間に対してはものすごく冷たい態度をとる人もおりますが、相手を選んで協力的になるのではなく、だれに対しても協力的になるのがポイントです。

「あの人って親切だよね」

「あの人って協力的だよね」

そういう評判が立つほど仕事はやりやすくなります。こちらは初対面でも、相手はすでにこちらの好ましい評判を聞いているので、非常に好意的に接してくれるのです。

カリフォルニア大学のキャメロン・アンダーソンは、80名のMBAコースの学生に、毎週30分から1時間15分の模擬的な交渉をしてもらいました。毎回、違うテーマで交渉をしてもらったのです。1週目は、ある医薬品工場の買収にかかわる交渉、2週目はある石油会社の幹部とガソリンスタンドの経営者の交渉、という具合に毎回それぞれの役割を与えて交渉をしてもらったわけです。

なお、毎回交渉の後で、クラスで一番協力的だったのはだれかということにも答えてもらいました。すると、協力的な学生ほど、何回かの交渉の後では「あの人は協力的」という評判が立ち、翌週の交渉が非常にやりやすくなることがわかりました。

営業の仕事をしている人ならわかると思うのですが、あるお客さまに親身に接客をしてあげると、そのお客さまが他の人にも声をかけてくれて、「○○を頼むのなら○○社のだれそれさんがいいよ」と紹介してくれます。すると、自分では何もしていないのに、お客さまが別のお客さまを次から次へと連れてきてくれるのです。これは非常にありがたいのではないでしょうか。

打算的になってはいけません。どんな人に対しても親切にしていると、その人がいろいろなところでこちらのよいところを吹聴してくれます。自分から売り込みなどをしなくとも、お客さまがどんどんやってきてくれるのです。

だれに対しても、ニコニコとした態度で接しましょう。相手が喜んでもらえそうなことは、何でもしてあげましょう。そうすれば、ひいきのお客さまになってくれますし、仕事も非常にうまくいくものです。

31

ポジティブな言葉と
ネガティブな言葉の比率に注意

「あなたは支配的な女性で、病気を使って支配しようとしています」と言っても意味はないでしょう。気分を害するだけです。まずは信頼を得て、できるだけ味方にならないといけません。

『なぜ心は病むのか』

相手にとって耳の痛い指摘は、できるだけ慎んだほうがよいでしょう。いきなり「あなたのこんなところがダメ」と指摘するのは考えものです。相手を不愉快にさせてしまいますし、関係もギクシャクするようになってしまうからです。

とはいえ、仕事の場合には、言いたくないことでも言わなければならないケースも多々あります。「だらしない服装をやめろ」「1か月に一度は、きちんと髪の毛をカットしろ」「不機嫌な顔で接客するのはやめろ」などなど、注意すべきことは注意してあげなければならないからです。

部下や後輩に、言いにくいことを伝えるときには、「ゴットマン比率」と呼ばれるものがありますので参考にしてください。

ワシントン大学のジョン・ゴットマンは、何年にもわたる研究によって、好ましい人間関係を築くための黄金比率を見出しました。さまざまな関係において、ポジティブな言葉とネガティブな言葉の比率があり、その比率を守っていれば、人間関係もそんなにおかしくならないのです。

たとえば、夫婦におけるゴットマン比率は5：1。

「あなたのこんなところが鼻につく」というネガティブなことを1回言ったとしても、

「いつもありがとう」「キミと結婚できて僕は幸せ者だ」などと5回、ポジティブなことを言ってあげるようにすれば、お互いの関係はそんなに悪くならないのです。

ゴットマンによると、両親と子どもの関係では、黄金比率は3：1。たとえ子どもに「あなたは本当にグズなんだから」と1回叱っても、「あなたは笑った顔がとても素敵」とその3倍くらいほめてあげるのなら、おかしな感じにはなりません。

仕事での比率はどうなるのでしょうか。

ゴットマンによると、職場の上司と部下では、比率は4：1。部下に厳しいことを言っても、だいたいその4倍くらいホメてあげれば、部下に恨まれたりすることはないのではないかと思われます。

お友だちとの関係では、ゴットマン比率は8：1。イヤなことを言ってしまった場合には、その8倍もポジティブなことを言ってあげなければなりません。「8倍もホメてあげないのは面倒だな」というのなら、そもそも友人に対してはネガティブなことは言わないほうがいいかもしれません。

32

厳しくてもよい…ときもある

「厳格で権威主義的な教育が無益であることは、それが子どもと教師の間を疎遠にさせる、というよく知られている事実によって証明されるからです。」

『子どもの教育』

アドラーは、厳しい教育はまったくの無益であると述べておりますが、これはちょっと違うのかもしれません。いくつかの研究によると、「厳しくてもＯＫ」というケースが決してないわけではないからです。厳しくてもよいかどうかは、あくまでも相手によるのです。

コロンビア大学のステイシー・フィンケルスタインは、初心者は、ホメられるとやる気を出しますが、上級者はさらに成長したいという意欲があるので、ビシビシ指導してあげたほうが、かえって喜ばれるのではないかという仮説を立てました。

この仮説を検証するため、フランス語初級クラスを履修している大学生と、フランス語上級クラスを履修している大学生に、架空の先生についての評価を求めてみました。

「よいところをやさしくホメてくれる先生と、自分には耳の痛いことでも厳しく指摘してくれる先生がいると考えてください。あなたは、それぞれの先生に何点をつけますか？7点満点でお願いします」

その結果は、次のようになりました。

初心者はホメてくれる先生を高く評価しましたが、上級者は違いました。上級者にとっては、やさしい先生は少々物足りないようで、厳しくしてもらったほうが喜ばれるのです。

● 上級者には厳しいほうがかえって喜ばれる

	初級クラスの学生	上級クラスの学生
ホメてくれる先生の評価	4.96	4.25
厳しい指導の先生の評価	4.92	5.45

出典：Finkelstein, S. R.ら,2012より

恋愛論の本を読んでいたりすると、「やさしいだけの男じゃ物足りない」というアドバイスをチラホラ見かけることがあるのですが、これは教育にも当てはまります。

やさしいだけの先生ですと、初心者にはよいのかもしれませんが、もっと自分をスキルアップしたいと思う人にとっては、何となく物足りなく感じられてしまいます。「私のどこが悪いのか、どこを直せばもっと上に行けるのか、ビシビシ指摘してもらいたいな」と感じてしまうのです。

厳格な指導をするからといって、必ずしも嫌われるということはありません。

新入社員に対しては、まだ社会に出て間もないですし、右も左もわからないでしょうから、やさしく丁寧に教えてあげないといけません。けれども、ある程度の経験を持った部下には、少しくらい厳しい物言いをしてあげてもよいのではないかと思うのです。

33

花形社員が心がけていること

「われわれのまわりには他者がいる。そしてわれわれは他者と結びついて生きている。人間は、個人としては弱く限界があるので、一人では自分の目標を達成することはできない。」

『人生の意味の心理学（上）』

アメリカにベル研究所という有名な科学系シンクタンクがあります。そこで働く研究員は、各方面から集められたトップクラスの技術者や研究者ばかり。

優秀な研究者ぞろいのベル研究所ですが、さらにその中でも花形社員と呼ばれる人がいます。スポーツでいえばスター選手ですね。

カーネギーメロン大学のロバート・ケリーは、そんな花形社員はいったいどんな人物なのだろうと思って調べてみました。

花形社員は、他の社員よりも高い業績を出しているのですから、仕事だけに集中して、その他のことなどしていなかったのでしょうか。

いいえ、そんなことはありませんでした。むしろ、花形社員は自分から他の人の分まで余分な仕事を引き受けてあげたり、職場での人間関係づくりに積極的だったりしたのです。

花形社員は、他の人たちと円満な関係を築いていたので、もし困ったことがあっても「ちょっと助けてくれ」とお願いすることができました。ところが、普通の社員は問題を自分で解決しようとしていました。こういうところで、花形社員と普通の社員は差がついていたのです。

アドラーが指摘するように、人は一人では生きていけません。他の人と協力することが絶対に必要なのです。

一人でやれることには限界があります。花形社員でも、それは変わりません。これはどんな業界の、どんな仕事に携わっている人でも同じだろうと思います。一人でやっている人は、そんなに大きな仕事もできないのです。

ところが他の人と協力して取り組めば、一人でやるときの2倍も3倍も大きな仕事ができるようになります。

仕事で大きなことをしたいのなら、他の人とうまくやっていくことを考えてください。何かあったときに上司や同僚からのサポートがあると思えるのは、まことに心強いことですからね。

「付き合いなんて煩わしいだけ」「私は職場の人とは仲良くなりたくもない」などと思っている人が仕事で成功するということは絶対にありません。職場のだれとでもお付き合いし、強固なネットワークを形成するように心がけましょう。

第4章 心のモヤモヤを吹きとばすメンタルを手に入れる

34

姿勢をよくすると、心も変わる

（不幸な人）の気分は外面的な態度に現れます。まるでどんな重荷を背負っているかを見せつけるように、うなだれ、背中を丸めて歩くのです。

『性格の法則』

私たちの心というものは、自分がとっている姿勢の影響を受けます。背筋を伸ばし、胸を張るようにするとどんどんポジティブな気持ちになってゆきますし、背中を丸めて、足を引きずるようにして歩いていると、何となく陰鬱な気持ちになってゆくものです。

悲しさや不安を感じている人は、うなだれた姿勢をとることが多いのですが、これは因果関係が逆であるかもしれません。

ネガティブな気分になるからうなだれた姿勢をとるのではなくて、うなだれた姿勢をとっているから、気持ちもネガティブになってしまうのかもしれません。ということは、胸を張るように心がけると、心のほうも上向きになるのではないでしょうか。

スペインにあるマドリード大学のパブロ・ブリノルは、71名の大学生を2つにわけ、片方のグループには、胸を張って背筋を伸ばしながら「自分のよいところ」を3つ書き出してもらいました。もう片方には、うなだれた姿勢でやはり同じことをしてもらいました。

それから、「将来、社会に出たときどれくらい仕事がうまくいくと思いますか？」という質問に対して9点満点で答えてもらいました。その結果を次のページに示しましょう。

背筋を伸ばすと、「私は社会に出てもうまくやっていける」という見込みを高く答えることがよくわかるデータです。

● 背筋を伸ばすと将来が明るくなる

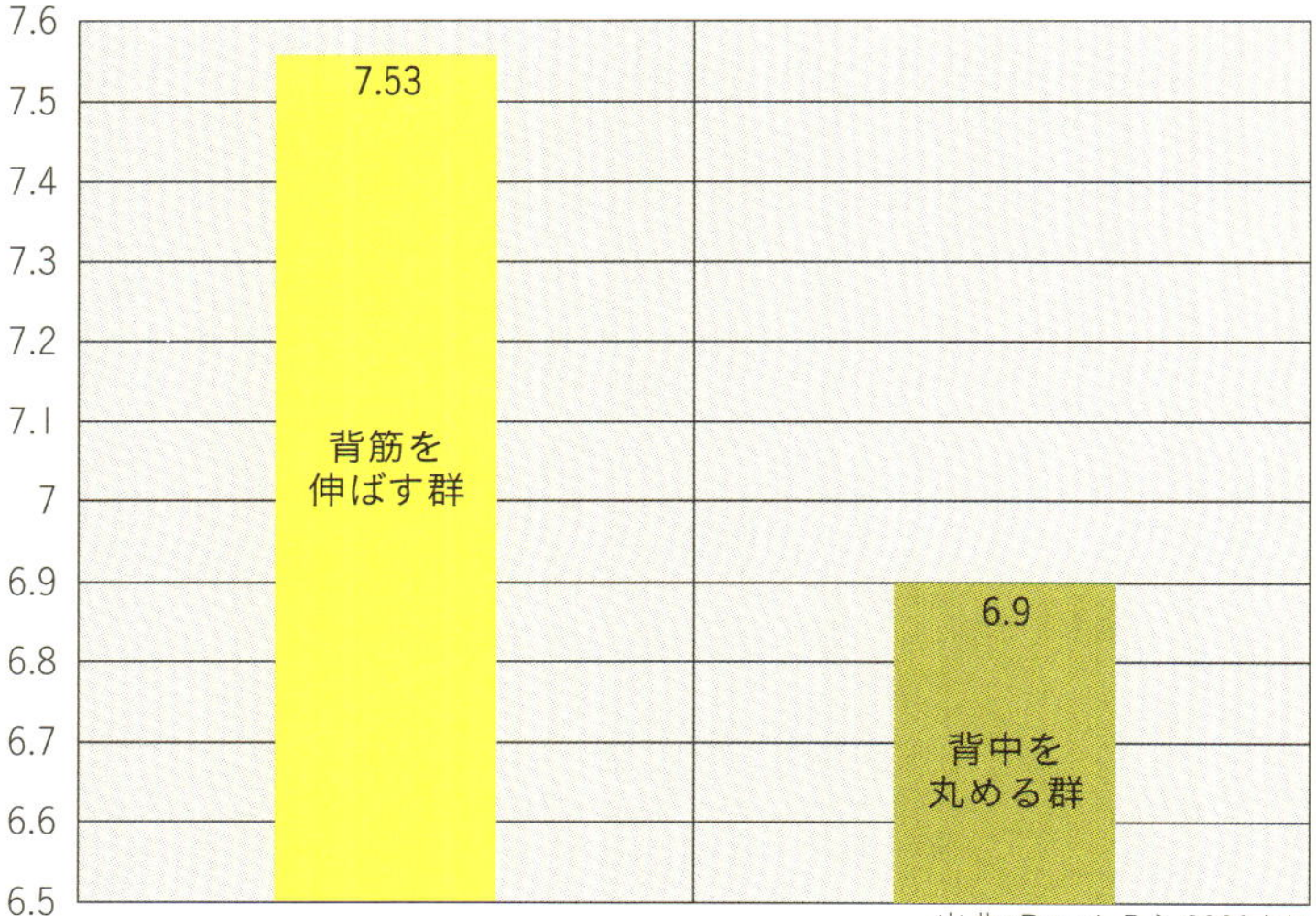

出典：Brinol, P.ら,2009より

「悲しいから泣くのではなくて、泣いているから悲しくなるのだ」という心理学の有名な学説がありますが（ジェームズ・ランゲ説）、姿勢と感情にも同じような原理が見られるのです。

姿勢が悪いと、どんどんネガティブになってしまいますから、普段から自分の姿勢には気をつけましょう。特に、最近はスマホの普及によるのか、首を落としてうなだれた姿勢をとる人が増えているような印象もありますから、なおさら姿勢には気をつけましょう。

35

たまにはお酒を飲んでみる

「アルコールには文化的抑制を弱めたりなくしたりする作用があります。」

『性格の法則』

「私は人間のクズだ」

「僕なんて生きている価値がない」

「私は生まれてきてはいけない人間なのだろう」

もしこんなふうに自己批判をよくしてしまうのなら、ちょっぴり晩酌をするようにするといいかもしれません。

お酒を飲むと、脳の大脳皮質と呼ばれる領域が麻痺します。大脳皮質は私たちの理性を司る領域なのですが、そこが麻痺するということは、自己批判なども抑制されるということです。だから陽気な気分になるのです。

さらにまた、お酒を飲むと、「私もそんなに捨てたものじゃない」「いや、むしろどちらかというと魅力に溢れた人間だ」という気持ちも高まることが明らかにされています。

フランスにあるグルノーブル大学のローレント・ベーグは、お酒を飲みにバーにやってきた19名のお客さまに、自分がどれくらい魅力的で、聡明で、個性的で、楽しい人間なのかを尋ねてみました。さらに、アルコール検知器で血中アルコール濃度も測定させてもらいました。

すると、血中アルコール濃度が高い人、すなわちほどよく酔っぱらっている人ほど、自分はいかした人間だと答えることがわかったのです。お酒を飲むと、私たちは自分が素敵な人間だと思えるのですね。

残念ながら、この魔法はあくまでも一時的で、酔っぱらっているときだけなのですけれども、それでも自己批判や自己嫌悪から逃れることができるという点では、非常に役に立つ方法だと思います。

体質的にお酒を飲めないというのならしかたありませんが、少しでも飲めるのであれば、晩酌の習慣を持つのも悪くありません。「私だって、そんなに捨てたものではないのだ」と思えるのですから。お酒の力を借りながら、自分の魅力を考えるようにすれば、そのうち素面の状態のときにも自己評価は高くなってくれるかもしれません。

もちろん、お酒を飲みすぎてはいけません。少しだけ酔っぱらって、自分を好ましく思える程度に飲むのが理想です。

36

劣等感をモチベーションに変える

「劣等感は、子どもを押し進める力です。そこからすべての努力が生まれて育ちます。」

『人間の本性』

一般的に劣等感というのは、ネガティブな感情だと思われておりますが、とんでもない誤解です。劣等感は、私たちの努力を引き出す強烈なモチベーションになるからです。

「私には才能がまったくない」と思い込んでいるスポーツ選手がいるとしましょう。そういう選手は、「だからこそ、私は人の2倍、いや3倍はトレーニングしないと到底追いつけないぞ」という気持ちになれるはずです。

「私にはピアノの才能なんてない」と思っていればこそ、何時間でもピアノに向かって練習ができるのです。中途半端に自分に能力があると思っている人は、あまり努力をしようという気持ちにはなりません。

どんな分野でも成功している人は、他のだれよりも努力している人。

努力は人を裏切りません。

たとえば、コロラド大学のアンダース・エリクソンは、ウェスト・ベルリン音楽アカデミーの教授に、「アカデミー内で、将来有望なバイオリニストの名前を挙げてほしい」とお願いしました。

では、教授から有望というお墨付きをもらえた人はどんな人だったのでしょうか。天才肌の人たちだったのでしょうか。いいえ、違いました。調べてみると有望な人は、単純に他の訓練生よりも努力している人でした。

有望なバイオリニストの卵の人が一番大切にしているのは「自己練習」で、普通の訓練生が1日に1・3時間しか自己練習をしないところで、有望とされた人たちの自己練習の時間は平均3・5時間でした。2倍も3倍も愚直に努力できる人だったのです。

同じような報告は、英国ティーズサイド大学のジム・ゴルビーもしています。ゴルビーは、115名のプロラグビー選手についての調査をしてみたのですが、最高ランクの選手ほど、練習時間が長いことがわかりました。何のことはありません、最高ランクの人は、他の選手以上に努力しているだけだったのです。

何をするにしても、劣等感はあったほうがいいですね。

劣等感があればこそ、不断の努力をつづけるモチベーションが生まれます。

そして、人並み以上に努力していれば、どんな分野でもトップになれます。

37

ネガティブな固定観念を持たない

「女児はいたるところで、毎日のように、さまざまな形で、女性は無能であり、簡単で従属的な仕事にしか向いていないと聞かされます。そうなれば当然、言われたことが正しいかどうか、幼くて判断できない女児は、女性の能力のなさを変えられない運命だと思い、自分は無能だと信じるようになります。」

『人間の本性』

思い込みはまことに怖いものです。本人がおかしな思い込みをしていると、その通りになってしまうからです。

思い込んだ私たちの行動を変えてしまうことを示す研究をご紹介しましょう。

アリゾナ大学のジェフ・ストーンは、ゴルフの経験がまったくない大学生を集めて実験をしてみました。参加したのは白人の学生40名と、黒人の学生40名です。

参加者には、全部で10のコースを回ってもらったのですが、ゴルフをする前に半数の学生には、「ゴルフというのは白人に向いているスポーツ」だと教え、残りの半数には「ゴルフは黒人に向いているスポーツ」だと教えました。もちろん、インチキな説なのですが、そういう思い込みを与えてみたのです。

するとどうでしょう。おかしな思い込みを持たされた学生は、教えられたとおりのパフォーマンスを示しました。「白人に向いている」と教えたときには白人学生のスコアがよく、「黒人に向いている」と教えたときには、黒人学生のスコアがよくなったのです。

女性は、男性に比べると数学や物理の成績が一般に劣る傾向が見られるのですけれども、それはアドラーが指摘するように、女性は小さな頃から数学では男の子に勝てない、とくり返し聞かされるからです。

もし読者のみなさんにお子さんがいるのなら、おかしな固定観念を植えつけないように気をつけてください。子どもが固定観念を持つようになると、それは実際のパフォーマンスに影響を与えてしまうからです。

「○○ちゃんは、本当に手先が器用ねえ」と話していると、子どもも自分は手先が器用だと思うようになるでしょう。逆に、「あなたは不器用ねえ」と話していると、子どもは不器用になります。親の言葉どおりに成長していくのです。

思い込みにはポジティブなものと、ネガティブなものがあるのですが、どうせ思い込みを持たせるのなら、ポジティブな思い込みを持たせてあげましょう。「頭がいい」とか「将来、出世しそう」といった感じです。

小さな子どもは、いわば真っ白なキャンバスと同じで、どのような絵を描くこともできます。親や友だち、あるいは学校の先生などの言葉によって、真っ白なキャンバスに絵が少しずつ描かれていくのですが、どうせなら素敵な絵を描いてあげるようにしたいものです。

38

おかしな偏見は付き合いを深めると消える

「男女間の関係を改善するためにこれまでに行われたとりくみでは、もっとも重要なものとして男女共学制があげられるでしょう。」

『人間の本性』

私たちは、あまり接したことのない人には、ネガティブな思い込みを持ちやすくなります。ところがそういう人と一緒にいるようにすると、偏見を弱めることができるのです。

あまり外国人と接したことがない人は、「外国人はみんな怖い」という偏見を持つようになりますが、たまたま学校で外国人の知り合いができ、言葉をかわすような間柄になると、「なんだ、私とそんなに変わらないな」ということに気づくようになります。

男性と女性は、お互いに相手に対しておかしな偏見を持っていることが多いのですが、アドラーが指摘するように、共学の学校で席を並べて学んでいると、そういう偏見はいつの間にかなくなるものです。

シアトル・パシフィック大学のマーガレット・ブラウンは、114名の大学生のボランティアを募り、実験群に割り当てた学生には、サービス・プロジェクトの一環として、9週間で合計18時間、ホームレスを支援するシェルターや、障害者支援施設、エイズ患者のホスピス施設などで働いてもらいました。ホームレスも障害者もエイズ患者も、ネガティブな偏見を持たれやすい人たちですが、そういう人たちと実際に接してもらったのです。

比較のための統制群（コントロール群）には、ホームレスや障害者やエイズ患者について、図書館で資料を調べてもらいました。

実際に接すると偏見や差別意識は減る

	前	後
実験群	2.78	2.50
統制群	2.92	2.91

出典：Brown, M. A. 2011より

実験をする前後で、ホームレスやエイズ患者に差別的な偏見を持つのかを測定してみると、上のような結果になりました。

接する前にはネガティブな偏見があっても、実際にそういう人たちと触れ合う機会を持つと、偏見が減ったことがわかります。

「若者はみんなチャラチャラしていて苦手」だというのなら、逆説的ながら、どんどん若者に話しかけてみてください。そうすれば、おかしな偏見もなくなりますよ。「おじさん世代は怒りっぽくて嫌い」だと思うのなら、おじさんにたくさん話しかけてください。「たまには飲みにつれていってください」とお願いしてみましょう。そうやって接する機会が増えれば、おじさんへの思い込みも是正されます。

39

他人の不幸を喜ぶのは、ごく普通

「人間をよく知るモラリスト文学者のラ・ロシュフコーは、こう言っています。「わたしたちにはつねに、友人の不幸に一種の満足を感じる用意がある」。」

『性格の法則』

知り合いが失恋したり、仕事で失敗したり、病気になったりという話を聞かされると、私たちは心のどこかでそれを喜んでしまうものです。本当は親身になって聞いてあげなければならないのでしょうが、喜びのほうが強くなるのです。

けれども、それは自分の性格が悪いからではありません。

だれだって、同じように他人の不幸を喜んでしまうものなのです。「他人の不幸は蜜の味」とも言うではありませんか。ごくごく普通の心理反応ですので、ご安心ください。自分は悪魔のような人間だとか、冷たい人間だなどと思わなくても大丈夫です。

マサチューセッツ工科大学のミナ・シカラは、走っているタクシーに水しぶきをかけられた紳士の映像などを見せて、どのように感じるのかを答えてもらうという実験をしてみました。

その結果、地位の高そうな人が不幸な目に遭っているのを見ると、嬉しさを感じることがわかりました。ちなみに実験に参加したのは、ごく普通の大学生でした。不幸な人を見て嬉しくなるのは、おかしなことでも何でもないのです。

ユーチューブで動画を探してみると、ドジな場面を撮影した面白いものが見つかります。ボールを顔にぶつけられたり、転んで湖に落ちてしまったりと、本人にとっては不幸としか言えないようなものがたくさんあります。

他人の不幸な姿を見ると、私たちは溜飲が下がるというか、憂さ晴らしができるというか、爽快な気持ちになるのですから、そういう動画を見るのもいいでしょう。

不幸な目に遭っている人に対しては、本当は笑ったりしてはいけないのかもしれませんが、笑わずにはいられません。「私って、性格がひねくれているのかも？」などと思う必要もないでしょう。たいていの人は他人の不幸を見て喜ぶのですから。

もちろん、不幸な本人が目の前にいるときには、大笑いしてはいけませんよ。職場の上司や同僚が、何かにつまずいて転んだときには、「大丈夫ですか？」とやさしい言葉をかけてください。心の中では「ウフフ、いい気味」と思ってもかまいませんが、少なくとも表面的には心配しているような言葉をかけてあげましょう。

40

心が苦しいときには、
とりあえず「アハハ」と笑ってみる

「笑うことは、エネルギーを解き放ち、人に力を与え、幸福感の基礎となる。」

『The best of Alfred Adler』

職場で嫌がらせを受けたり、SNSで悪いコメントを書かれたり、好きな人から冷たい仕打ちを受けたときなど、心に苦しさを感じたときには、とりあえず笑ってみてください。時間は1分間。時計を見ながら、「アハハハ」と声を出して笑うのです。

私たちの心というものは、自分がどんな表情、どんな行動をとっているのかによって影響を受けます。**面白いことなど何もなくても、とりあえず笑っていると、不思議と愉快な気持ちになってくるものです。**

米国ニュージャージー州にあるフェアリー・ディキンソン大学のチャールズ・ニューホフは、21歳から43歳までの22名の参加者を3つのグループにわけて気分の変化を調べる実験をしてみました。

第1のグループには、1分間、ずっと笑顔を作ってもらいました。
第2のグループには、1分間、声を出して笑ってもらいました。
第3のグループには、1分間、大声で喚《わめ》いてもらいました。

その前後でのポジティブな感情の変化を測定してみたところ、1分後に気分がもっとも晴れやかになったのは、第2グループでした。声を出して「アハハ」「ウフフ」と笑っているど、なぜか気分がよくなったのです。

第1グループも、声を出して笑うほどではありませんでしたがポジティブな気分になりました。**辛いときにこそ、にこやかに微笑んでいると、ポジティブな気分が回復してくるでしょう。**なお、大声で笑う第3グループでは、気分の変化は見られませんでした。大声を出すのは、そんなに効果もなさそうです。

何も面白いことがないのに、声を出して笑うのは難しいというのであれば、ユーチューブで笑える動画を見てみるのもよいでしょう。だれかが滑って転んだりする動画は、見ていて面白いものです。

辛い仕事をするときにも、笑いながら取り組みましょう。「仕事が多すぎ。もう笑うしかないよ、アハハハ」と口に出していると、辛い仕事もそんなに辛いと感じなくなります。

苦しい仕事だからといって、苦虫を噛みつぶしたような顔をしたり、ぶつぶつと文句を言ったりしていると、ますますネガティブな気分になってしまうので気をつけましょう。辛いときほど笑うのがポイントです。

41

運命論者にならない

「個人心理学の観点からすれば、遺伝の問題はそれほど重要ではない。」

『The best of Alfred Adler』

私たちの人生は、あらかじめ運命的に決められているという考え方を「運命論」といいます。こういう考え方をすると、どんどん気分が落ち込んでしまいますのでやめたほうがいいでしょう。

「私は、生まれつき才能がない」
「私は、一生結婚できない運命だ」
「自分の境遇は、どんなに努力しても変えられるものではない」

こんなふうに考えてはいけません。「自分にはどうにもならない」という絶望感を味わうだけです。

アドラーは、**自分の人生は自分の意志と努力でどうにでもなると考え、遺伝の要因などはきっぱりと拒絶しています。**「両親がおバカさんだったから、自分も一生おバカさん」といった考え方は間違いだというのです。

アリゾナ州立大学のジョン・ライクは、運命論者ほど、人生の出来事をネガティブに解釈する傾向があることを突き止めています。同じような出来事があっても、運命論者はそれを悪く解釈するのです。

「私は不幸な運命のもとに生まれてしまった」などと考えると、人生に絶望するしかありません。

そうではなくて、「今はたまたま状況が悪いだけ」「一時的に不運が重なっただけ」と考えを変えてみてください。そう考えたほうが、人生に悲観することもありませんし、逆境から立ち上がる気力も湧いてくるでしょう。

ロンドンにあるロイヤル・マースデン病院のS・グリアは、乳がんになった女性を15年間にわたって追跡調査してみたのですが、**「もうダメだ、終わりだ」と考える人は、「諦めないぞ、ガンなんてやっつけてやる」と考える人に比べて死亡率が高くなることを突き止めました。**

「絶対に最後の最後まで諦めないぞ」と考える人は、15年後にも45%の女性が生存していましたが（20人中9人）、「もうダメだ」と絶望した人では生存率は17%でした（42人中7人）。

どんなときでも諦めてはダメです。運命はいくらでも変えられると信じましょう。

42

相手が悪いのではなく、
こちらの態度が悪いのかも？

「神経症的なライフスタイルを考察する時には、いつも神経症の相手役がいるのでは、と考えなければならない。」

『人はなぜ神経症になるのか』

上司が感情的で、すぐにキレてしまうことに腹が立ってしかたがないとしましょう。しかし、本当にその上司が悪いのかというと、そうではない可能性もあります。上司は、根はやさしい人なのかもしれません。

上司も最初はやさしく教え諭そうとしているのかもしれません。けれども、指導を受けるこちらが不貞腐れた態度をとったり、舌打ちをしたりするので、それに反応して次第に怒りをエスカレートさせていく、ということも考えられます。

米コネチカット大学のデビッド・ケニーは、相手の態度や行動はその人自身の性格の反映ということもありますが、やりとりをしている相手によって生まれてくるものでもある、と指摘しています。ケニーは、この現象を「パートナー効果」と名づけました。

怒りっぽい上司は、もともと怒りっぽいのかもしれませんが、目の前にいるこちらが、相手をイライラさせてしまっている、ということも十分に考えられるのです。

それを知りたいのであれば、上司が他の人にどのように接しているのかを観察してみましょう。すると、自分以外の人には、わりとフレンドリーに話しかけていることがわかったりすることもあります。つまり、上司は感情的にキレやすいタイプでもないのです。

パートナー効果という現象があるということを知っておくと、相手の性格を安易に断定せずにすみます。「あいつは性格が悪い」という結論を引き出す前に、「いや、ひょっとすると私の態度が悪かったのかもしれないぞ」と謙虚な姿勢で、理性的に考えることができるようになります。

私は、講演会やセミナーの講師に呼ばれることもあるのですが、もし参加した人たちが、つまらなそうな顔をしていたり、こっそりスマホをいじっていたりしても、「やる気のない奴らが集まったのだ」とは考えません。

自分の話し方に元気がないので、聴衆の心に刺さらないのだろうとか、自分の用意した内容が退屈で、刺激が少ないものだったのだろう、と考えます。そのように考えたほうが、自分の行動を改善するきっかけになるからです。

他の人にすべての原因があり、悪いのはすべて相手だと責任転嫁するのをやめましょう。「自分にも悪いところがあったのでは?」と我が身を振り返り、反省して改善するように努力しましょう。

―43―

自分の記憶をそんなに信用しない

「すべての早期回想が事実を正しく記録しているとは考えていない。多くの記憶は空想されたものであり、大部分はおそらくは後になって変えられたり、歪められたものである。」

『人はなぜ神経症になるのか』

ビジネスシーンでも、プライベートなところでも、「お前はたしかにこう言った」「いいや、私はそんなことを言っていない」という見苦しい言い争いが起きることがあります。どうしてこういう言い争いが起きるのかというと、そもそも人間の記憶など、ものすごくいいかげんで、信用の置けないものだからです。

人間の記憶というものは、コンピュータに保存されたデータとはまったく違います。データは勝手に変わることはありませんが、私たちの記憶は、自分に都合のよいように、どんどん改変されていくのが普通です。記憶は、そんなにアテにならないのです。

言い争いをしている2人は、自分の記憶こそ正しいと思っているのでしょうが、ひょっとすると2人ともに間違えているということも考えられます。

ハーバード・ビジネス・スクールのキャサリン・ブラウンは、ディズニーの広告を実験参加者に見せた後、「あなたは子どもの頃、ディズニーワールドに出かけてバッグス・バニーと握手した記憶はありますか？」と質問してみました。

「ある」と答えてくれた人には、重ねて「それなら、その記憶はどれくらい確実ですか？」と聞いてみると、「絶対確実」という答えが返ってきました。けれども、そのように答えた参加者の記憶は、残念ながらすべてインチキです。

なぜかというと、バッグス・バニーはワーナー・ブラザーズのアニメに出てくるキャラクターですので、そもそもディズニーワールドにいるわけがないのです。にもかかわらず、本人は「私には絶対確実にそういう記憶がある」と答えたのですから、私たちの記憶がいかに頼りないかがわかりますよね。

奥さんや旦那さんと、あるいは自分の親しい友だちと「お前は言った」「いや、言っていない」という記憶をめぐっての言い争いが始まってしまったら、どうせ白黒をつけられませんので、さっさと議論を打ち切ってください。「キミがそういうのなら、そうなんだろうね」とすんなり負けを認め、勝負の土俵から降りてしまうことをおすすめします。言い争いをしていても、お互いの関係にヒビが入るだけで、よいことは何もありません。

人間の記憶などいいかげんですので、できれば証拠が残るようにしておきましょう。電話で話しているとデータは残せませんが、メールでやりとりをしていれば、メッセージをデータとして残すことができ、言い争いになったときにも役に立ちます。ビジネスシーンでは、基本的なやりとりはすべてメールのほうが安心ですね。記憶はいいかげんですから。メモのようなものを残しておくのもよいですし、相手の発言をボイスレコーダーで残しておくのもよいでしょう。

44

予防が重要

「予防のほうが治療よりも重要である。」

『生きる意味を求めて』

病気になってから治療をするよりも、そもそも病気にならないような生活をすることが大切です。予防は治療に勝るのです。

子どもが非行に走ってから慌てて矯正しようとするよりも、そもそも非行に走らないような予防をしておいたほうが親も苦労をしません。

ハーバード大学のアルフレッド・マクアリスターは、2つの中学校のうち、1つの中学校では、タバコやマリファナを友だちから勧められたときに、どうやって断ればよいのかを具体的に教える予防トレーニングを行いました。もう1つの中学校では、タバコはいかに有害かという健康に関するキャンペーンを行いました。

2年後にタバコを吸ったことがあるかどうかを尋ねると、予防トレーニングを受けた中学校では5・6%にすぎませんでしたが、普通の健康キャンペーンを行った中学校では16・2%がタバコを経験していました。

マリファナに関しても調べてみると、予防トレーニングを受けた中学校では7・6%、普通の健康キャンペーンを行った中学校では14・9%という結果になりました。

友人から悪い誘惑を受けたとき、具体的にどうやって断ればよいのかを教えておけば、子どもは悪の道に進まなくなるのです。

問題が起きてから、問題に対処するのでは遅すぎます。面倒な厄介事を避けたいのであれば、そもそも問題が起きないように予防しておくのが一番です。これが基本だといえるでしょう。

仕事をするときには、後々面倒なことにならないよう、「念のために上司、あるいはお客さまに細かい進捗状況を報告しておこう」と考えたほうがうまくいきます。ちょこちょこと報告をするのが面倒だと思われるかもしれませんが、問題が起きてから対処するほうがよほど面倒くさいことになります。

人間関係がこじれてから、関係修復を図るのは大変です。

それなら最初から人間関係がこじれないように、どこかに出かけたときにはお土産を買ってきてあげるとか、面倒でも年賀状を出すようにするとか、こちらから挨拶をするとか、いろいろな予防をしておいたほうがよいのです。

予防は治療に勝ります。この原理をしっかりと覚えておきましょう。

45

テイクよりもギブを心がける

「どうすれば誰かを喜ばせることができるかを考えなさい。」

『人生の意味の心理学（下）』

ギブ・アンド・テイクという表現があります。実は、この順番がとても大切なのです。「ギブ」（与えること）が最初で、「テイク」（受け取る）が後にくるということは、相手に何かをしてもらうことより、自分から先に相手に与えるべきだ、ということなのです。

たいていの人は、相手から何かをしてもらうことばかり考えて、自分から何かをしてあげようとしません。おそらくは、自分が何かをしてあげることが、ソンをしたように感じてしまうからでしょう。

自分から相手に何かをしてあげるということは、相手にとって利益になるばかりでなく、自分にとってもポジティブな効果をもたらしてくれます。

カリフォルニア大学のジョセフ・チャンセラーは、コカ・コーラ社の社員88名を2つのグループにわけ、ギブ条件の人には、「親切リスト」というものを渡し、そのリストの中から自分で好きなものを選んで1日に5回、親切をするようにお願いしました。親切リストには、「他の人の分まで飲み物を持って行ってあげる」とか「落ち込んだ同僚を励ます」とか「ありがとうという感謝のメールを送る」などがありました。

残りの半分はテイク条件です。こちらの人には、自分に親切にしてくれた人の名前を記録するようにお願いしました。実験は1か月間つづきました。

実験が終了したところで調べてみると、ギブ条件では、知り合いが増え、本人の満足度も高くなることがわかりました。

ギブを心がけて生活するようにすると、自然と知り合いが増えてゆきます。親切な人はだれからも歓迎されますので、知り合いが別の知り合いを紹介してくれるなどして、どんどんネットワークが広がってゆくのです。

また、本人の満足度も高くなります。人に良いことをすると自分の気持ちもよくなるのです。

ウソだと思うのなら、電車やバスに乗っているとき、お年寄りに自分の席を譲ってあげてみてください。席を譲ってあげた人からは、「ありがとうございます」と感謝されますし、感謝されると私たちはとても嬉しい気持ちになるはずです。

困っている人を見かけたら、どんどん声をかけましょう。困っている人は、他の人に助けてもらいたいのに、なかなか自分から助けてほしいと言えないことが多いからです。

人生で大切なのは、ギブ。相手からテイクしてもらうことばかりを考えるのではなく、自分が相手にどんなギブをしてあげられるのかを考えて行動しましょう。これが幸せに生きてゆくコツです。

第5章
人間関係がラクになる思考法を身につける

46

世の中は
自分のことしか考えない人が溢れている
という事実を知っておく

「現代ほど人が孤立して生きている時代はないでしょう。子どものときからすでにわたしたちはお互いにあまりつながりをもっていません。」

『人間の本性』

どんなに心理的に辛い出来事が起きても、あらかじめそれを見越しておけば、そんなに心理的なダメージは受けません。辛いことを覚悟しておけば、けっこう人間は耐えられるものです。

自分が困っているとき、だれも助けてくれないと愕然とした気持ちになるかもしれません。けれども、現代人はみな冷たくて、自分のことしか考えていない人ばかりだ、とあらかじめ覚悟しておけば、だれも自分を助けてくれなくともへっちゃらです。「ほら、やっぱり思った通りだ」と納得できるので、心も傷つかないのです。

現代人は、ますます自分のことしか考えないナルシストになってきています。

それを示すデータもあります。

サンディエゴ州立大学のジーン・トゥエンジは、アメリカの85の大学において、新入生に受けてもらう心理テストの結果が、時代とともにどう変わってきているのかを調べてみました。

トゥエンジは、1979年から2006年までの新入生1万6475名分のナルシスト得点の変化を分析してみたのですが、1982年から学生のナルシスト得点はずっと上がりつづけ、2006年の新入生の3分の2は、1979年から1985年までの学生の平均よりも上で、30%もナルシストの度合いが高まっているという結果を得ました。わずか30年前と比べても、現代人は、ナルシストが多くなっているのです。これはアメリカだけの話ではなく、日本でも同じでしょう。

現代社会においては、自分のことしか考えない人が溢れていますし、今後はさらにその傾向が強まるでしょうから、最初から相手の思いやりや共感を期待しないほうがいいでしょう。他人の思いやりを期待しても、どうせ期待が裏切られるに決まっていますから、それなら最初から期待などしないほうがいいのです。

「世の中は冷たい人ばかり」だと思っていれば、かりにだれかに冷たい態度をとられても、少なくとも期待が裏切られたと感じることはありません。

あまり他人に大きな期待をするのはやめましょう。世の中には善人ばかりで、思いやりのある人たちばかりだなどと思っていると、現実はそうではないので、余計に傷ついてしまいます。

47

偉そうに威張ったりしない

「自分が権威があるようにふるまうどんな試みも、治療を失敗へと導き、いばることも治療の妨げになる。」

『生きる意味を求めて』

お医者さんの中には、自分を権威づけしたいと思っているのか、やたらと横柄で傲慢な態度をとる人がいます。「私は偉いんだぞ」ということを患者にアピールしたいと思っているのでしょうか。

そういう態度をとりがちなお医者さんほど、「ダメなお医者さん」と見なしてよいでしょう。本当によいお医者さんは、偉そうにふんぞり返ったりはしないものだからです。

シカゴ大学のウェンディ・レヴィンソンは、プライマリケア（何でも診てくれる、身近なかかりつけ医のこと）のお医者さん59名、外科医65名を集め、患者からクレームをつけられたことのないお医者さんと、2回以上クレームをつけられたことのあるお医者さんに分けて、実際の患者とのやりとりを分析してみました。

すると、クレームをつけられたことのないお医者さんは、患者さんの診察のときにニコニコとよく笑い、患者にたくさん話をさせることがわかりました。診察時間も長く、一人につき18・3分の診察をしていました。

ところが2回以上のクレームをつけられたことのあるお医者さんは、不機嫌そうな顔で決して笑わず、患者の話を親身になって聞くのではなく、断定的なモノ言いをしていました。診察時間も短く、一人につき平均15分でした。

偉そうなお医者さんは、患者を不愉快にさせてしまいます。

だから、患者に些細なことでもクレームをつけられてしまうのです。

患者さんの気持ちに寄り添い、親身になって診療に当たっているお医者さんは、ミスをすることもあるでしょうが、患者さんに訴えられたりすることはありません。「まあ、先生にはいつもお世話になっているし、先生だって人間なんだから時にはうっかりすることだってあるよ」と笑って許してくれるのが普通でしょう。

医者、弁護士、大学教授、政治家など、一般に社会的ステータスが高いと思われている職業の人ほど、「私は偉いのだ」とおかしな勘違いをすることが多いので注意が必要です。

仕事のステータスが高いからといって、自分まで偉い人間なのだと思い込むと、どんどん横柄な人間になってしまいます。

また、一般企業に勤めている人でも、昇進して地位が上がったときには気をつけてください。地位が上がるほど、おかしな勘違いをし、パワハラやセクハラ、モラハラなどで訴えられるリスクも高くなるのですから、地位が低いとき以上に本当は身を慎むようにするのが正解なのです。

48

自分のことではなく、相手の立場で考える

「甘やかされた子どもは、すぐに人生の諸問題に直面する。学校に入学すると、人間関係の問題に否応なく気づかされるからだ。」

『The best of Alfred Adler』

子どもを甘やかしてはいけません。親が子どもを甘やかせば甘やかすほど、子どもは自分が最高に偉い人間なんだと勘違いしてしまうからです。どんどんナルシスティックになってしまいます。

ナルシスティックな人は、自分本位で考えます。自分のことにしか興味がなくなってしまいます。こういう人は、学校に入学すると、あるいは社会に出ると、ものすごく苦労をします。ナルシストは、たいていの場合嫌われるものだからです。

米ニューヨーク州にあるアルフレッド大学のステファン・バーンは、147名の大学生に嫌いな人を思い出してもらい、どういう人ほど嫌われるのかを調べてみました。すると、嫌いな人ということで頭にすぐイメージされるのは「ナルシスト」であることがわかりました。

ナルシストは、自分ばかりが話そうとします。相手の話をきちんと聞こうとはしません。またナルシストは自分の立場でしか物事を見ません。こういう人は、だれからも敬遠され、距離を置かれてしまうものです。

人間関係を円満にするコツは、自分の立場でなく、相手の立場で考えることです。

何をするにしても、「相手はどう受け止めるだろうか」ということを念頭に置いておけば、そんなに大きな失敗もしません。相手が悲しく思うのではないかと思えば、悪口や暴言なども言わなくなります。

ナルシストはそういう判断ができません。自分のことしか考えていないので、相手が嫌がることも平然とやってしまいます。

昔は子どもがいっぱいおりましたので、親もそんなに子どもを甘やかすことはありませんでした。ところが時代は変わり、一人っ子が増えました。子どもが一人ということで、その子どもは親にものすごく猫かわいがりされ、甘やかされて育つようになりました。そういう時代ですので、子どもはどうしてもナルシスティックになってしまいます。

子どもはあまり甘やかさないほうがよいのかもしれません。むしろ「他の子のことも考えて行動しなさい」と口を酸っぱくして言い聞かせたほうがよいでしょう。結局、子どもが大人になったとき、子どもが苦労しないですむのは、他の人のことを考えて行動できる人だからです。

49

訓練すれば、人前でも堂々と話せるようになる

「人前でスピーチができず、舞台恐怖の傾向がある人は、聴衆を敵だと見なしているからである。」

『The best of Alfred Adler』

私たちにとって、「死ぬこと以上に怖い」ものがあります。それはスピーチ。米ネブラスカ大学のカレン・ドワイヤーは、さまざまな恐怖のリストを815名に見せて、何が一番怖いのかを調べてみたことがあります。

すると1位は、「人前でのスピーチ」。これを怖いと答えた人は61・7%でした。2位は「お金の問題」。お金がなくなることに恐怖を感じるのは54・8%です。そして3位が、「死」。死を恐れるのは43・2%でした。

「スピーチをするくらいなら死んだほうがマシ」と冗談交じりに言う人もおりますが、本人にとっては冗談でも何でもないのかもしれません。

けれども、スピーチはそんなに怖れる必要もありません。

なぜなら、ちょっと訓練すれば、だれでもそれなりにスピーチができるようになるからです。

アメリカン大学のルース・エイデルマンは、社会恐怖(昔の対人恐怖症)と診断された52名(男性23名、女性29名)に、1回2時間の訓練を10回受けてもらいました。訓練では、誤った認知を修正するための講義(聴衆がみんな敵かというとそんなこともなく、好意的に反応してくれる人のほうが圧倒的に多いという事実を教えるなど)に加え、4人から6

人のグループでの発表のワークショップが行われました。また週ごとの宿題も出されました。「今週は、人の多いところに出向いてみよう」などです。

それから6か月後に調べてみると、社会恐怖と診断された参加者たちもそれほど不安を感じなくなることがわかりました。

人前で緊張したりするのは、訓練で相当に改善できるのです。

人前でドキドキしたり、顔が赤くなってしまったりすることにコンプレックスを感じる人も少なくないでしょうが、そういう問題は解決不可能かというと、そんなこともありません。

カウンセリングやセラピーに通ってもよいのですが、自分なりにいろいろな人と会うように心がければ、そのうち自然と不安や緊張も消えてくれるものです。

50

人間関係のスキルは練習でいくらでも伸びる

「(甘やかされた) 子どもには、今後の人生に欠かせないトレーニングをしておく機会がありません。つまり、他者と正しい方法でつながる努力をし、実行する練習をしていないのです。」

『人間の本性』

昔の日本には、兄弟姉妹がたくさんいました。5人も6人も兄弟がいるのは、ありふれた光景でした。そのため、ごく普通に生活しているだけでも、人間関係の練習ができました。どうするとケンカが始まるのか、もしケンカをしたらどうすれば仲直りできるのかを、自宅にいながら練習できたのです。

また、田舎でも都市部でも学校が終われば、子どもたちは学校のグラウンドや空き地で遊びました。遊びを通して友だちの作り方なども自然に学習するのが一般的でした。

ところが時代は変わり、一人っ子が多くなりました。自分一人しかいないので、当然ながら人間関係のスキル、たとえば会話のスキルなどの練習もできなくなりました。また、塾に通う子どもも増えて、放課後に遊ぶ子どもが減りました。そのため、クラスメートとどうすれば仲良くできるのかの機会が奪われてしまうようになりました。

このような時代においては、どうしても自分なりに人付き合いの練習をしなければなりません。

では、人間関係のスキルというものは練習できるものなのでしょうか。

結論を先に言うと、できます。

実際に、私が大学で受け持っている講座名は、「対人スキルトレーニング」です。魅力的に見える笑顔を作る技術、自分の意見を間違いなく相手に伝える技術、表情から相手の気持ちを見抜く技術などは、練習で伸ばせるのです。

ドイツにあるボン大学のタッシロ・モンは、さまざまな職業の123名の成人に、相手の声を聞いて、4つの感情（幸福、悲しみ、怒り、恐怖）のどれに当てはまるのかのトレーニングを受けてもらいましたが、訓練の後には、相手の声を聞いて感情を見抜けるようになったという研究報告をしています。

同じような研究はいくらでもあります。

もし自分の人間関係の技術に不安があるのなら、セミナーや講演会に出向いて、その技術を教えてもらうとよいでしょう。できれば単なる座学ではなくて、ワークショップ形式のものを選びましょう。

「対人スキル」というキーワードでセミナーの検索ができないのなら、「コミュニケーション・スキル」というキーワードで探してみてください。どちらも同じような意味ですが、「コミュニケーション・スキル」のほうがよく使われる用語のような印象があります。

セミナーや講演会に参加するには、多少のお金はかかってしまうかもしれませんが、それによって人間関係の技術を学べるのであれば、決してソンにはならないと思います。

51

ちょっとした隙間時間には、イメージトレーニングをする

「白昼夢には将来を予測しようとする意識がともないます。人間が未来へ続く道を開き、確実に進もうとしているときに、白昼夢は現れます。」

『人間の本性』

通勤・通学でバスや電車を待っているときには、頭の中で他の人としゃべっている姿をイメージしてみるとよいですよ。相手がこんなことを言ってきたら、自分はこんなふうに返事をしよう、というイメージをしていると、実際の会話力もアップしますから。

「空想と現実は違うのではないか」と思われるかもしれませんが、そんなこともありません。読者のみなさんも「イメージトレーニング」（略してイメトレ）という言葉を聞いたことがあるかもしれませんが、頭の中でイメージするのは、実際の訓練と同じような効果があるのです。

プロのアスリートは、試合の流れを頭の中でイメージトレーニングするものですが、そういう訓練は非常に重要です。イメージトレーニングをするかしないかで、実際の試合の運びもまったく違ってくるのです。

イメージトレーニングは、さまざまなプロが実践している非常に効果的なテクニックなのですから、どんどんやりましょう。

米ウィスコンシン大学のリチャード・マクフォールは、頭の中でいろいろとイメージトレーニングしておくと、たとえば、断りづらいことを相手に求められたときにも、スムーズに断ることができることを実験的に確認しています。

マクフォールは、他の人の頼みをなかなか断れない人だけを集めて、さまざまな状況でのイメージトレーニングをしてもらいました。

「あなたの家は図書館のそばなんだから、私の本を返却しておいてくれない？」といった具体的な場面をイメージしてもらい、どのように断れば角が立たないのかをいろいろとイメージしてもらったのです。

このようなイメージトレーニングを受けてもらうと、現実に似たような状況になったときにスムーズに断ることができるようになりました。イメージトレーニングはとても効果的だったのです。

たとえ独学であっても、勉強していればそれなりに知識がついてくるのと一緒で、自分勝手なイメージトレーニングでもやらないよりは、やったほうがずっと効果的です。

異性と話すときに緊張してしまう人は、いろいろな異性とおしゃべりする場面を空想してみてください。 空想するだけなので、特別な道具などもいりませんし、どこでも行うことができます。入浴中でも、食事を食べるときでも、好きなときにイメージトレーニングをしてみましょう。

52

だれに対しても敵意を抱かない

「他者と生きる共同体感覚は生まれつきのものではありません。意識して育てなければならない生来の可能性です。」

『なぜ心は病むのか』

他人に対してすぐに腹を立ててはいけません。そんなことをしていると、血圧も上がりますし、心疾患になるリスクも高まってしまいます。だいたい心筋梗塞になるのは、いつでもキリキリしている人たちです。

混んだ電車の中で、隣の人に足を踏まれたからといって、「チッ」と舌打ちをしたり、にらみつけたりするのを止めましょう。混んでいるのですし、電車が揺れるのはどうしようもないのですから。足を踏まれるくらいは、笑って許してあげられなければなりません。

頼んでおいた仕事を部下がやっていなかったとしても、「まぁ、そんなこともあるよな」と軽く受け止めておきましょう。「私のことを侮《あなど》っているので、仕事をしなかったのだろう」などと皮肉な受け止め方をしてはいけません。

イスラエルにあるベングリオン大学のヨリ・ギドロンは、心臓病の男性22名（35歳から60歳）を集め、実験群にだけアンガーマネジメントの訓練を受けてもらいました。どんな訓練かというと、きちんと相手の話を聞く、相手の言葉を皮肉に受け取らない、などの訓練です。統制群にはそういう訓練は実施しませんでした。

それから2か月後に調べてみると、**アンガーマネジメントの訓練を受けた実験群は、統制群に比べて、攻撃性、敵意、神経質などの指標がすべて減ることがわかりました。**

もともと怒りっぽい人でも、アンガーマネジメントの訓練を受ければ、そんなに腹も立たなくなります。短気な性格もずいぶんと改善されます。

怒りっぽいかどうかは、生来のその人の性格も関係があるかもしれませんが、改善できないのかというとそんなこともなく、本人の心がけでどうにでもなります。

自分一人で改善するのが難しいようなら、セラピーやカウンセリングを受けてみるのもよいでしょう。お金はかかりますが、**怒りっぽい性格が改善されると、小さなことでイライラしなくなりますし、健康にもよいと思いますよ。**

53

同じ兄弟でも性格はみな違う

「よく間違って考えられていることに、同じ家庭の子どもたちは同じ環境で育つというものがあります。」

『なぜ心は病むのか』

同じ両親から生まれても、出生順位によって性格はまったく変わってしまうものです。お兄ちゃんやお姉ちゃんはしっかり者なのに、弟や妹はだらしないということはよくあります。同じ家庭で育ったのに、こうも違うものかと驚くほどに違うのが普通です。

もし自分が臆病者で、慎重すぎて、危ない橋は絶対に渡りたくないタイプだとしても、第一子（長男・長女）なのであれば、それはごく自然なことですから気にしないでください。第一子なら、そういうことはよくあります。

イエール大学のリチャード・ニスベットは、2432名の大学生の出生順位と、危ないスポーツとされるフットボールやラグビーへの参加について調べてみました。

その結果、第一子は、そういう危険なスポーツを敬遠することがわかりました。同じ結果は、コロンビア大学の学生でも、ペンシルバニア州立大学の学生でも確認できました。

「もっと果敢に、積極的な性格になりたい」と思っても、第一子には難しいかもしれません。第一子は、もともと保守的になりやすいのです。

もう一つ研究をご紹介しましょう。

カリフォルニア大学バークレー校のフランク・サロウェイによりますと、末っ子は第一子よりも1・48倍も危険なスポーツを好むそうです。また、兄弟のどちらもがメジャーリーガーになった700名を分析すると、お兄ちゃんよりも弟のほうが盗塁の試みを10・6倍もすることがわかりました。弟のほうは、少しでもチャンスがあると果敢にチャレンジするタイプだといえるでしょう。

私たちは、出生順位によって全然違う性格になります。

「私もお姉ちゃんみたいになりたい」とか「私は弟が羨ましい」と思うことがあるかもしれませんが、それは「ないものねだり」というものです。

第一子はどうしても保守的になりやすいものですから、就職するときにはベンチャー企業よりも、伝統のある企業のほうがいいでしょう。伝統のある企業のほうが保守的であることが多いからです。自分の性格ともぴったり一致するような社風の会社のほうがうまくいきます。

弟や妹なら、ベンチャー企業が向いています。積極的に、新しい取り組みをどんどんやらせてくれるのはベンチャー企業のほうだからです。伝統のある企業ですと、なかなか革新的なことはやらせてもらえませんので、自分の性格と一致しないのでイライラさせられることが多くあるかもしれません。

54

結婚を長続きさせるには

「結婚は、一緒に生きることを決意することであり、その目的は、互いの人生を援助し、豊かにすることである。そのように考える二人にとって、結婚は建設的な課題である。」

『人はなぜ神経症になるのか』

アメリカでは結婚するカップルのうちに約半数は離婚すると言われておりますが、日本では結婚するカップルの3組に1組が離婚すると言われています。

どうしてそんなにすぐに離婚してしまうのでしょうか。

アリゾナ大学のクリス・セグリンによると、その理由は、テレビのドラマや映画などの影響が考えられるそうです。

恋愛ドラマや映画では、結婚がものすごく理想的に描かれています。そのため、そういうドラマや映画を好んで視聴していると、「結婚はものすごく素晴らしいもの」という幻想を持つようになってしまいます。

ところが、実際の結婚生活など、同じことのくり返しで、ちっともロマンチックではありません。年がら年中、素晴らしいイベントが起きるわけではありません。

理想の結婚を夢見て結婚をした人は、退屈な現実に失望し、それが離婚へとつながるのだろう、というのがセグリンの解釈です。

言うまでもありませんが、テレビのドラマや映画は、あくまでも作り物。完全にフィクションなのですが、私たちはそう思いません。そういう現実がどこかにあるのではないかと期待してしまうのです。そのため退屈な現実に出会うとガッカリするのです。

結婚するときには、あまり大きな期待を抱いてはいけません。何か胸がときめくようなことがたくさん起きることもありません。そういう理想を持ってしまうと、現実の結婚が何やらつまらないものに感じてしまいます。

結婚式や披露宴にあまりお金をかけてもいけません。すぐに離婚をしてお金がムダになるからではなくて、**結婚にお金をかけないほどうまくいく、という裏づけのエビデンスがあるのです。**

米エモリー大学のアンドリュー・フランシス＝タンは、3000人以上の既婚者にアンケート調査を実施し、**結婚指輪や披露宴にお金を「かけていない」カップルほど、結婚は長続きするという結果を得ました。**

いわゆる「地味婚」のほうが、結婚はうまくいくのです。

結婚指輪や披露宴にお金をかけないカップルは、おそらくものすごく現実主義者なのでしょう。指輪にお金をかけたからといって愛情が高まるわけではないという現実をよく知っていて、そんなところにお金をかけるのはムダ、というきわめて現実的な判断ができるのでしょう。こういうリアリスト夫婦は、結婚におかしな幻想を持っていることも少ないと考えられますから、かえって結婚が長続きするのかもしれません。

55

結局は、相性が重要

われわれは、決して、精神医学の他の学派が、神経症を治療するのに成功を収めてきたことを否定するわけではない。しかし、われわれの経験では、治癒はその方法によるというよりは、むしろ、たまたま患者と医師がよい人間関係を持ったこと、あるいは、とりわけ、患者を勇気づけたからなのである。

『人はなぜ神経症になるのか』

世の中には、非常にたくさんの心理療法があります。アロマセラピーやタラソセラピーや、音楽療法や認知行動療法など、あまりにも数が多すぎてよくわからない状態になっています。

アドラーによれば、基本的にはどんな心理療法でもそれなりに効果があるそうですが、これは事実です。

カナダにあるサイモンフレーザー大学のアダム・ホーヴァスは、心理療法の効果を調べた200以上の論文を集めてメタ分析（個々の論文を一つのデータとみなして、総合的な判断をするための統計手法）し、「どのセラピーでもそんなに変わらない」という結論を得ました。

大切なのは、どのセラピーを選ぶのかということではなく、どういうセラピストに相談するかどうか。

肌の合わないセラピストに治療をしてもらっても、治療効果は見られません。「何となく、このセラピストはイヤだな」と思っていると、症状も改善されないのです。

その点、どんなセラピーを専門にしていようが、「この人って心が温かい人だな」「素敵な人だな」と思っていると、目覚ましい治療効果を得ることができます。

読者のみなさんは、「プラシボ効果」という言葉を聞いたことがあるでしょうか。プラシボというのは、インチキなお薬のことです。薬効などまったくない小麦粉や砂糖を丸めただけのお薬でも、「これは効きますよ」とお医者さんに保証されると、本当に効果が出てしまうことをプラシボ効果と呼ぶのです。

学校の先生や、塾の先生も同じです。**自分が好ましく思えて、信用できるという先生に教えてもらうと、成績はみるみる伸びてゆきます。「この先生に指導してもらえれば、私は大丈夫だ」と思えるかどうかが重要なのです。**

心に悩みを抱えている人は、あまりにもセラピーの数が多いので、どれにしようか迷ってしまうと思うのですが、基本的にはどのセラピーでもよいのです。初回の面接において、自分が好きになれそうかどうかで決めましょう。好きになれそうなセラピストに治療をしてもらったほうが、プラシボ効果によって症状もすぐに回復すると思いますよ。

56

「あなたが大好きオーラ」を出す

愛は、早くから準備しなければならない必要な人生の課題であり、愛のトレーニングは、人生の教育における必須の部分である。

『人はなぜ神経症になるのか』

人付き合いにおいては、どれだけ愛情を持って相手に接することができるかが重要です。こちらが愛情を持って接してあげれば、相手は気分が悪かろうはずもありません。

相手にこちらの愛情を伝えるときには、はたから見ていてもわかるように、もうあからさまなくらいに「あなたが好きです」オーラを発散しましょう。そのほうが鈍感な人でも気づいてくれます。微妙な形で愛情を伝えようとしても、うまく伝わらないこともありますので、「これでもか」というほどに大げさに伝えるのがポイントです。

アメリカ人の夫婦は、結婚して何十年経っても、「愛してるよ、ハニー」といった愛情表現を欠かしませんが、私たちもそういう点は見習ったほうがよいのです。

ニュージーランドにあるカンタベリー大学のガース・フレッチャーによりますと、私たちの人間関係の絆の強さを決める一番の要因は、「愛情」であるそうです。お互いに愛情を感じている関係ほど、非常に満足のいく人間関係が形成されるのです。

では、どうすれば相手にこちらの愛情を間違いなく伝えられるのかというと、大切なポイントは伝える回数と頻度。とにかく数で勝負するのが正解です。

米ウェスタン・メリーランド大学のロバート・レミューは、233名の大学生を対象にした調査で、愛情を伝える回数が増えるほど、お互いが感じる関係の満足感も高まることを明らかにしています。

「私はあなたが大好きだ」と1回言ってあげるだけでは、足りません。何も言わないよりはマシだとは思いますが。それこそ毎日のように、いや1日に何度でも愛情を伝えてください。

何となく照れくさいとか、恥ずかしいと思うのなら、メールやLINEや手紙でもかまいません。「愛している」という言葉が恥ずかしいのなら、「ありがとう」という感謝の言葉でもよいでしょう。「いつもありがとう」「毎日、感謝しています」「○○さんのおかげで毎日が楽しいです」といったメッセージを伝えてください。1回ではダメですよ。何回も伝えるのです。

相手が同性であれ異性であれ、上司であれ部下であれ、どのような人間関係においても、大切なのは愛情を伝えること。このルールを守って行動するだけでも、人間関係がおかしくなるということは決してありません。

57

親や先生にどんなことを言われてきたかで人は作られる

「自分のことをかなりよく思うという子どももいれば、価値がないという子どももいるでしょう。後者の場合を調べると、まわりにいる大人たちが、子どもに何百回も「このろくでなし」とか「このばかやろう」といってきたということが明らかになるかも知れません。」

『子どもの教育』

親や先生が「この子は頭がいい」と思っていると、その子どもは本当に成績が伸びてゆきます。

こういう心理作用を「ピグマリオン効果」と呼びます。ピグマリオン効果というのはギリシャ神話に登場する王様の名前にちなんだ用語です。

周りの人が強く期待していると、その期待によって子どもがその通りになってしまうことがあるのです。

オランダにあるフローニンゲン大学のヘスター・デ・ボアは、約1万1000人の小学生を5年間追跡調査し、前任の先生が、新しい担任の先生に「この子はとても有望です」と伝えておくと、子どもは本当に成績がよくなっていくことを突き止めました。

同じ傾向は、教育分野だけでなく、ビジネスシーンでも見られます。

米国オレゴン州にあるポートランド州立大学のパメラ・チャーニーは、ある化学会社の研究開発部において、**上司が部下に対して「こいつはクリエイティブなアイデアが出せる」と期待しているほど、部下もその期待に応えて、どんどんクリエイティブなアイデアを出せるようになるという報告を行っています。**

親や上司にどんな期待をされるかで、私たちの人生は決まってくるのです。

そう考えると、親や上司の期待はものすごく重要だといえるでしょう。子どもや部下に、「のろま」であるとか「グズ」であるとか「バカヤロウ」といった心ない言葉をかけてはいけません。本当にそういう人間になってしまいます。

たとえウソでも、「お前は大器晩成型」であるとか、「キミのように素直な人のほうが結局は仕事もうまくいく」といった本人も期待の持てる言葉をかけてあげましょう。「ウソから出たまこと」という言葉もありますが、ウソでもかまいませんので、どんどんホメまくってあげると相手も変わってくるはずです。

58

意味のない評価をやめる

「子どもに成績をつけるという制度はいつも感心できるものとは限りません。」

『子どもの教育』

「評価」が子どものやる気を高めるのなら意味があると言えますが、やる気を奪うような評価なら、最初からやらないほうがよいようにも思えます。

尾木ママこと尾木直樹さんは、中学校の先生をしているときに、通信簿をつけるのに大反対したことがあるそうです。子どものやる気を奪うような通信簿なら、最初からやらないほうがいいですよ、と職員会議で声を大にして発言したそうですが、決まりは決まりということで押し切られたそうです。それでも納得のいかない尾木ママは、自分で勝手に「尾木ママ通信簿」を作成して、生徒一人一人のよいところを評価してあげたものを配ったそうです。

評価というものはものすごく難しいのです。

神さまでもない私たちが他の人に対する評価は、どうしても一面だけを取り上げることになり、不完全にならざるを得ないからです。評価される人間は、自分のことを正しく評価してもらえないので、どうしても失望します。

最近の大学では、履修した学生が、担当の先生の評価をします。授業評価というものです。学生が行う先生への通信簿ですね。これはまったく意味がないということを示す研究があります。

ペンシルバニア大学のスコット・アームストロングは、3万人以上の大学生の授業評価を分析し、授業評価は意味がないと結論しています。

学生は、基本的にそんなに勉強などしたくありません。そのため、たくさんの課題やレポートを求める先生のことを悪く評価します。厳しい先生は不人気なのです。

その点、先生がまったく課題を出さず、ゆるすぎる先生は、学生からの授業評価は高くなります。学生はラクに単位をもらえるので大歓迎。けれども、そういうゆるい先生に教えられても、学生はまったく知識がつきません。

かつて多くの企業では、360度評価というものが導入されました。

上司が部下を一方的に評価するのではなく、部下からも同僚からも評価をしてもらい、総合的に評価を下すというシステムです。

けれども、**360度評価を導入した企業では、上司が部下にすり寄ったり、なあなあの関係になったりするケースが続出し、結局は早々に廃止した企業も多かったといいます。**

アメリカの企業ですと、**Googleやマイクロソフト、アクセンチュアといった企業では、人事評価そのものを廃止してしまったそうですが、おかしな評価しかできないのなら、いっそのこと評価そのものもやめてしまったほうがいいのかもしれません。**

第6章

素晴らしい人生を歩むために必要なこと

59

たいていの問題には解決法がある

「人生の問題は解決できるということを知らなければならない。
これが自信を持つための唯一の方法である。」

『The best of Alfred Adler』

人生で出会う問題の多く、たとえば進学、就職、結婚、転職などには、すでにいくらでも解決策があるものです。自分にとっては初めての経験かもしれませんが、ネットで解決策を探してみれば、すでに自分と似たような問題に出会い、その問題を克服できた人からのアドバイスを見つけることができます。

すでに多くの人が自分と同じ問題を乗り越えているのを知ると、「なぁんだ、たいした問題でもないのだな」ということに気づくことができます。つまらないことでウジウジと悩んでいるよりは、ネットで調べたり、関連する書籍を読んだりしたほうがよほど建設的だといえるでしょう。

テキサス大学のマイケル・ニーリーは、「自分の人生で起きる出来事にほとんど何もなすすべがない」と信じている学生ほど、この1か月でナーバスになったり、ストレスを感じたりする頻度が高くなることを明らかにしています。

「どうにもならない」と考えるのをやめましょう。

「何かしら解決策が見つかるはずだ」という思考をとるようにしてください。実際、どんな問題でも、探せば解決策は見つかるものだからです。

シカゴ大学のスーザン・コバサは、ミッチェル以上の管理者を対象にして、過去3年でストレス関連の病気になったことがない86名のグループと、なったことのある75名のグループを比較する研究をしてみました。

その結果、**うつ病などの心の病気になったことがないグループでは、「自分の人生は自分でコントロールできる」という強い信念を持っていることがわかりました。**

自分でどうにかできると思っていれば、私たちの心はそんなにダメージを受けません。そんなに深刻に悩むこともありません。「まぁ、何とかなるだろう」と気楽に受け止めることができるからです。

たとえば、離婚したことで悩んでいる人がいるとします。けれども、ネットで調べれば、離婚した人など世の中には星の数ほどいて、しかも多くの人がそれなりに「離婚してよかった」と考えていることがわかるでしょう。離婚することによるメリットも知ることができ、ホッと胸をなでおろすことができるのです。受験の失敗、就職の失敗でも同じです。とにかく自分と同じ境遇の人を探してみてください。

たいていの問題は、自分が思っているほど深刻な問題でもありません。

よほどの難病にでもなってしまったのなら話は別ですが、人生での問題など、たいていはとるに足らないものですし、すでにいくつも解決策が存在している場合が多いのです。

60

相当な個人差があることを知っておく

「あらゆる木々が同じような成長をするわけではない。環境に機械的に反応しているわけではないのだ。」

『The best of Alfred Adler』

「十人十色」という言葉があります。10人の人がいれば、10人ともそれぞれに違った性格、ライフスタイルを持っているという意味です。すべての特性で自分とまったく同じ、という人に出会うことなど絶対にありません。人は、みな少しずつ違っているものなのです。

心理学には、有名な「タンポポとランの理論」と呼ばれるものがあります。

タンポポタイプの人は、どんな場所でも力強く生きていきます。親が貧乏であるとか、満足な教育を受けられないなどの状況にあっても、へっちゃらです。こういうタイプはストレスもそんなに感じません。

逆にランは育てるのが非常に難しい植物です。相当に手間をかけてあげないとすぐにしおれてしまいます。けれども、きちんとした環境を整えてあげれば、立派な花を咲かせてくれます。

何をストレスと感じるのかには、かなりの個人差があります。

タンポポタイプの人にとっては、「そんなのはストレスでも何でもない」と感じることでも、繊細なランタイプの人には、かなりのストレスになることもあるでしょう。

イリノイ大学のアニータ・デロンギスは、電話帳でランダムに電話をかけ、75組の夫婦に6か月の調査をお願いしました。何を調べたのかというと、夫婦で口論をした後に、どのような身体症状（頭痛、鼻が詰まる、のどが痛い、腹痛など）が出るのかの記録をとってもらったのです。

その結果、非常に大きな個人差が見られました。

口喧嘩をしても、ストレスを感じない人もいれば、翌日にまでストレスを持ち越して身体症状が出る人もいました。

ほんの些細なことですぐに傷ついてしまうのであれば、「私はひょっとすると繊細なランタイプなのかも？」と思ったほうがいいでしょう。ランタイプの人は、ストレスを感じやすいのですから、できるだけストレスを感じないような努力をしなければなりません。

ランタイプの人は、もし悩みがあっても、タンポポタイプの人には相談を持ちかけないほうがいいですよ。どうせ相談しても、「なんだ、そんな小さなことでクヨクヨしないほうがいいよ」と素っ気ない対応をとられるのがオチです。タンポポタイプは、ストレスに強いので、他の人が悩んでいることに共感できないのです。どうせ相談を持ちかけるのなら、自分と同じように繊細なランタイプの人に悩みを打ち明けたほうがいいでしょう。

61

羨望はそんなに悪くもない

「羨望は役に立つということを私たちは認めなければならない。」

『The best of Alfred Adler』

自分にないものを持っている人を目にすると、私たちは羨望を感じます。だれかを羨む気持ちは一般にネガティブなものとされていますが、決して悪いものでもないのだよとアドラーは述べています。

実際、羨望の気持ちはモチベーションにつながるものです。

ドイツにあるケルン大学のジェンス・ランゲは、羨望の気持ちには2種類あり、「あの人のように私も頑張ろう」という気持ちにさせるのが「よい羨望」であり、「あいつを引きずり下ろしたい」という気持ちにさせるのが「悪い羨望」だと区別しています。

ランゲは、ハーフマラソンの大会に出場している選手208名と、フルマラソンの大会に出場している162名に対して、よい羨望を持っているか、それとも悪い羨望を持っているのかを尋ねました。そして、実際の大会での成績を調べてみると、よい羨望を持っている人ほど、スピード（km／h）が速く、タイムもよくなることがわかりました。

他人に羨望を感じてもよいのです。

それが自分のモチベーションを高めるのであれば、どんどん羨望を感じるべきです。

まずは自分が目指すべきお手本となる人物を持ちましょう。職場に羨望を感じるような上司や先輩が身近にいないのなら、坂本龍馬やエジソンのような歴史上の人物でもかまいません。そういう人を常に頭に思い浮かべ、「○○のように私もなりたい」という気持ちを強めるのです。

お手本になる人物がよくわからないのなら、小学生向けに書かれた偉人の伝記シリーズなどを読んでみるのもよいでしょう。小学生向けなら非常に読みやすいですし、「この人は、私にとっての人生の師匠になる」という人が必ず見つかります。

伝記になるような偉人は、生まれつきの才能だけでラクに成功したというよりは、むしろ努力に努力を重ねた結果として偉人になったような人物が選ばれます。だいたいの伝記シリーズはそういう人ばかりを取り上げておりますので、安心して読むことができるでしょう。

活字を読んでいると眠くなってしまうというのなら、「プロジェクトX」のDVDがおすすめです。さまざまな人物が苦難を乗り越えたエピソードを集めていますので、やはり自分も負けていられないという強いモチベーションを引き出すのに役立つと思います。

62

あらかじめ準備しておけば、何も怖くない

「教育のもっとも一般的な原理は、私たちが後年の人生において出会う出来事と一致していなければならないということである。」

『The best of Alfred Adler』

教育というものは、将来的に役に立つものでなければなりません。ところが私たちが義務教育で学ぶ内容の多くが、「これって、本当に社会に出てから必要かな?」と疑問符がつくようなものが多いのも事実です。

学生のうちから、社会に出たときのことを見据えて勉強していれば、いざ社会に出たときにも右往左往しなくてすみます。すでに学習済みなわけですから。

社会に出てから慌てずにすむためのコツは、自分が就きたい仕事について徹底的に調べておくことです。あらかじめ準備しておかないからパニックに陥るのであって、入念に準備しておけば、少しも不安になりません。

仕事で大切なのは準備。

あらかじめ自分なりに準備しておくからこそ、平常心でいられるのです。

アリゾナ州立大学のヴィンセント・ワルドロンは、就職面接のときにパニックにならないよう、「面接官にこう質問されたら、こう回答しよう」という想定問答集を作って準備している学生ほど、2、3か月後の調査で、しっかり内定を獲得していることを明らかにしました。

就職面接がうまくいかないのは、単純に準備不足。何の準備もせずに面接に出向いてしまうと、しどろもどろになってうまく答えることができないのも当然です。

何事も抜かりなく準備しておくのが正解です。

「お客さまとうまく話ができない」ということで悩んでいる人もいると思うのですが、それはある意味で自業自得。「こんな話題を自分から切り出そう」という準備をしっかりやっている人は、実際にうまく話もできるでしょうし、不安にもなりません。うまくできないのは、準備をしておかないからです。

私は、講演会やセミナーに呼んでいただくことが多いのですけれども、あまり自慢はしたくありませんが、ものすごく上手に話すことができます。というのも、あらかじめ原稿を丸暗記しているので、よどみなく話すことができるのです。いきなりアドリブで話すわけではないという点では、プロの落語家と同じことをしていることになります。

いろいろな想定問答集を自分なりに作ってみて、その通りに人と会うようにすれば、人間関係で問題を抱えることもなくなります。

原稿を覚えるのはちょっと大変かもしれませんが、それをしておいたほうが何事もうまくいくということを覚えておいてください。

63

事実は変えられないが、意味づけは変えられる

ドイツ語では、この言語特有の感覚で、経験することを「経験を作る」と言います。これは、経験をどのように利用するかは、その人次第であることを暗示しています。

『人間の本性』

過去に起きてしまった出来事の事実は変えることができません。「なかったこと」にはできないのです。けれども、そうした事実の意味づけは、自分次第で変えることができます。

どれほど悲惨な経験をしたとしても、その経験によって自分が成長したと考えることができるのなら、その悲惨な経験でさえ有益なものと考えることができるでしょう。

ワシントン大学のカーチス・マクミレンは子どもの頃に虐待を受けた女性154名に、虐待を受けた体験について「まったく益はなかった」を0点とし、「少しは益があった」を1点、「きわめて有益だった」を2点として答えてもらいました。

ごく常識的な判断をすれば、虐待を受けることに益などあろうはずがありません。ところがそうではありませんでした。なんと46・8%が子どもの頃に受けた虐待を有益だったと答えたのです。さらにそのうちの24%は「きわめて有益」とさえ答えたのです。その理由として、自分が子どもを持ったときに子どもを守れるようになった、虐待への知識が高まった、強い性格が手に入れられた、などが挙げられました。

たとえ辛い経験をしたとしても、必ずしもダメになってしまうというわけではありません。自分なりに意味づけを変えて、有益な経験として受け入れることもできるのです。

大学受験に失敗したら、人生は台なしになるのでしょうか。

いいえ、そんなことはありません。かりに志望大学に入ることができなくとも、そんなことで人生はダメになどなりません。一流大学に進学できなくとも、「エリートどもを見返してやる！」という強い気持ちを持つことができるのなら、むしろ受験で失敗したことがよかったとさえ思えるでしょう。

離婚をしたら、お先真っ暗になってしまうのでしょうか。

いやいや、そんなこともありません。昔と違って、今は離婚をしたということで悪い評価を受けることはありません。むしろ「つまらない人と別れたことで、自分の人生の選択肢が大きく広がった」とポジティブな意味づけをすれば、離婚をしたことも受け入れることができるはずです。

これはアドラー心理学の基本的な考え方なのですが、**人間はたとえつまずいたり、転んだりしても、人間はいくらでもそこから立ち直ることができるのです。**

自分の人生を変えたいのなら、まずは自分がコンプレックスに感じていることに対して、ポジティブな意味づけをしてみましょう。そうすれば暗い過去も、人生の汚点も、黒歴史も、すべて帳消しにできます。

64

お金以外に価値を見出す

「われわれの文化において、お金がたとえ不十分なものであっても人間の価値をはかる基準になったので、誰もが（所持する）金額で自分の価値を見る努力をする。」

『個人心理学の技術Ⅰ』

お金はたしかに生活をする上で重要ではありますが、お金、お金と、お金にばかり執着するのは、あまりにさもしい人生になってしまいます。

世の中には、もっと素晴らしいことがいくらでもあります。ガーデニングが趣味の人は、庭の草むしりをするのも至福の時間でしょうし、子どもが好きな人は、子どもと遊ぶ時間がかけがえのない喜びになります。

米テキサス州にある南メソジスト大学のローラ・キングによりますと、**人生に意味を感じていると、高収入であるよりも、8倍も満足感が高くなるそうです。**

小さな頃からなりたかった仕事に就くことができた人は幸せです。何しろ、仕事をしているだけで嬉しくなれるのですから。さらに仕事が楽しければ、いくらでも仕事ができるでしょうし、そうやって働いていれば自然と給料もアップするはずでよいことづくめだといえます。

お金に関して言いますと、「お金があれば幸せになれるだろう」という考えは、間違えています。お金が増えると幸福感までそれに比例して高くなるかというと、そんなこともないのです。

プリンストン大学のダニエル・カーネマン（心理学者でありながらノーベル経済学賞を

受賞した珍しい方です）は、1173名を対象にした年収と幸福感の関係を調べ、**収入の多さと幸福感にはまったく関係がないことを示しました。**

カーネマンが調べたところ、年収が9万ドル以上の高額所得者のうち「かなり幸せ」と答えた人は51・8％でしたが、年収2万ドル以下の人では「かなり幸せ」と答えたのは60・5％だったのです。

私たちには、他の人の利点だけを見てしまうところがあります。カーネマンはこれを「フォーカス幻想」と名づけました。

お金のない人は、お金持ちのよいところばかりに焦点を当てて考えます。大豪邸に住むことができるとか、高級車に乗れるとか、ブランドの服を身につけられるなどです。ようするに**お金持ちのよいところだけを見て、「いいなあ……」と思ってしまうのです。**

けれども、お金持ちは悪いところも自分のことなのでよく知っています。お金があるばかりに強盗に襲われる危険が高いとか、仕事以外の時間があまりとれないとか、さまざまな問題を抱えています。決して、お金持ちだから幸せ、というわけでもないのです。

65

ほどほどに用心深いくらいならOK

「用心深さも人生と体験のすべての範囲の中に調和するように組み入れていかなければなりません。さもなければ、あらゆるところで危険しか見ないということになります。」

『教育困難な子どもたち』

アドラーは、あまりにも用心深かったり、警戒心が強すぎたりしてはいけませんとアドバイスしています。

あまりにピリピリしていてはいけないということは何となくわかりますが、それなら楽観的なほうがいいのかというと、それも違います。何事もほどほどがよいのです。

明るいことだけを感じるポジティブ・シンキングは、楽しい人生を送る上で必要なものではありますが、**ただポジティブなだけではいけません。ある程度は危機意識のようなものも持っていたほうがいいのです。**

テキサス・クリスチャン大学のキース・ヒミレスキは、全米の40の州で114の職種に携わっているベンチャー起業家の男性163名と、女性38名に、楽観性を測定するテストを受けてもらい、2年間の収益の伸び率と従業員の増加の関係を調べてみました。

その結果、**楽観的「すぎない」起業家のほうが、収益も従業員数もどちらも大きく伸ばせることがわかったのです。**

「私なら、絶対に成功する」

「僕がうまくいかないわけがない」

「成功するビジョンしか頭に浮かばない」

このように楽観的に考えるのはよいことですが、あまりに楽観的ですと仕事はうまくいかないようです。

やはり多少は用心深いほうが、起業家としては成功します。

ほんの少しでも業績の伸びが鈍ったときに、用心深い起業家はすぐに手を打ちます。ところが、楽観的な起業家は、楽観的であるだけにそういう手を打ちません。「まぁ、そのうち上向くだろう」などと安易に考え、行動を起こさないのです。そのため、問題を大きくしてしまい、失敗につながるのです。

楽観的であってもいいのですが、危機意識が欠如しているのはダメです。

その意味では、多少は不安を感じやすいというか、警戒心を持っていたほうがよいのかもしれません。警戒心のある人のほうが、ほんの少しの変化にも敏感に反応できるからです。**「何か悪いことの前兆なのでは?」と心配し、すぐに手を打つことができれば、たとえ問題が起きても傷口を広げずにすみます。**

66

おかしな信念に振り回されないように

「教育、または心理学の理論や実践において、遺伝説を重視してはいけません。生まれつきよほどの障害のあるケースをのぞき、だれもがなんでも必要なことができると考えるのがよいでしょう。」

『なぜ心は病むのか』

両親が中卒だと、子どもも同じように低学歴になってしまうのでしょうか。そんなおかしな話はありません。両親が中卒でも、子どもは東大卒というケースはあります。

何でもかんでも遺伝のせいにしてはいけません。「私がろくでもない人生なのは、親のせいだ」などと責任転嫁するのをやめましょう。自分の努力がまだまだ足りないのだと思わないと、人生はいつまでも好転しません。

遺伝に限った話ではないのですが、おかしな信念に振り回されないように気をつけなければなりません。

たとえば、「頭を使っていると、脳みそも疲れてしまうので少し休まないといけない」という信念を持っている人がいるとしましょう。そういう人は、頭を使う仕事をしばらくつづけていると、本当に作業能率が落ちます。そんな信念を持っていない人は、いくら作業をしても疲れないのに。

スタンフォード大学のヴェロニカ・ジョブは、60名の大学生に、「精神エネルギーは使っていると枯渇するので少し休まないといけない」という信念をどれくらい強く持っているのかを尋ねました。それから、頭を使う作業を2つつづけてやってもらいました。どちらも集中力を要する作業です。

その結果、「私たちの精神エネルギーは有限」だと思っている人は、1つ目の作業はまだしも、2つ目の作業では能率が落ちました。

ところが、「私たちの精神エネルギーには限界などなくて、無限に湧きだしてくるもの」という信念を持っている人は、2つ目の作業もラクラクとこなすことができたのです。

「人間の集中力は、せいぜい1時間しか持たない」と信じていると、本当に1時間しか勉強も作業もつづけられないでしょう。面白いことに、ちょうど1時間で集中力が切れるようになってしまうのです。

そういう人は、「ほら、やっぱり人間の集中力って1時間で切れるようになってるんだよ」と思うのかもしれませんが、そういう結論を出すのはちょっと待ってください。たとえば、大好きなゲームをしているときはどうですか。ゲームをしているときには、5時間でも、6時間でもぶっつづけでプレイできるのではないですか。集中力が1時間で切れてしまうのでゲームもおしまいにする、ということにはならないでしょう。

科学者のニュートンは、何時間でも研究に没頭しつづけるので、家政婦さんはニュートンに食事をさせるのにひどく苦労したそうです。人間の能力に限界などありません。限界があるのだとしたら、それは自分がそう思い込んでいるだけの話です。

67

ネガティブ思考のほうがよいこともある

「逃げたいという思いには、たった1つの理由しかありません。
つまり、敗北が怖いのです。」

『なぜ心は病むのか』

ポジティブ思考には、落とし穴もあります。

現実を直視するのが耐えられないので、そこから目を背けるためのポジティブ思考というものもあるのです。

ペンシルバニア大学のガブリエーレ・エッティンゲンは、「ポジティブ思考はいつでもポジティブな結果をもたらすわけではない」と警告しています。

エッティンゲンは、肥満の女性たちに集まってもらい、減量プログラムに参加してもらいました。割り振られた条件は2つ。

ポジティブ思考群では、スリムになった自分をイメージしてもらったり、食べたいケーキを我慢する場面などをイメージしてもらったりしました。

ネガティブ思考群では、自分のケーキだけでなく、他の人の分までケーキを食べてしまうようなネガティブな場面をイメージしてもらいました。

では、ダイエットに成功したのはどちらのグループだったのでしょう。

何となくポジティブ思考群のほうがうまくいくような気もしますが、逆でした。

1年後に追跡調査してみると、ネガティブ思考群のほうが、ポジティブ思考群よりも平均11・8キロもの減量に成功していたのです。

エッティンゲンによると、ポジティブ思考は人を現実逃避させ、具体的な行動を何もしないことにつながりかねないのだそうです。「私は大丈夫」と思っていたら、たしかに何もしませんよね。

その点、ネガティブ思考は違います。

「私は、人より太りやすい体質なんだから気を抜いたらダメ」
「甘いものを食べたら絶対にリバウンドしてしまう」
「人の倍もトレーニングしないと体重は落とせない」

ネガティブな人はこんな感じで考えますので、ダイエットを怠らないのです。

多くの人はネガティブ思考を嫌がるかもしれませんが、**ネガティブ思考にもそれなりにメリットがあるのだと思えば、ネガティブな自分も少しは愛せるようになるのではないでしょうか。**

68

どんな対象にでも愛情を持つ

「共同体は家族だけではなく、一族、国家、全人類にまで拡大する。さらには、この限界を超え、動物、植物や無生物まで、ついには、宇宙にまで広がる。」

『人間知の心理学』

私は心理学者ですので、ペットを飼っているかどうかを尋ねれば、「ああ、この人はきっと人当たりのよい人なのだろうな」と予想することができます。**動物にさえ愛情を持てる人は、人間に対してはもっと愛情を持つことができるものだからです。**

カナダにあるラバル大学のA・セント・イーブズは、ペットを飼っている81名と、ペットを飼っていない68名について比較したところ、ペットを飼っている人ほど、動物に対しても、人間に対しても、愛情を感じることがわかったという論文を発表しています。

ワンちゃんやネコちゃんを飼っている人は、自分のペットに愛情を向けるのは当然として、人間に対しても同じように愛情を向けることができるのです。

動物を愛せる人は、毎日「愛する」というトレーニングをしているようなものです。

そういうトレーニングを自然にやっているので、人間に対しても愛情を向けることができるのでしょう。

動物だけではありません。植物に対しても、道端の石ころにも、夜空の星にも、「何と素晴らしいのだろう」と思いながら愛おしさを感じるようなトレーニングをしていれば、人間に対しても愛情を持つことができるようになります。「愛する」ことは技術です。技術というものは、トレーニングすればするほど磨かれてゆきます。

「動物になんて愛情を持てるわけがない」とか「公園の草花を見ても、ちっとも感動なんてしない」という人が、人間に愛情を持てるわけがありません。心が冷たい人は、愛するという技術を身につけることもできません。

対象を選ばずにどんなものにも愛情を感じるように意識してみてください。大きな木を見つけたら、「いやあ、立派だ」と話しかけてみるのもいいでしょう。そうやって愛情表現をすればするほど、人間に対しても自然な愛情表現ができるようになります。

いろいろな対象に愛情を感じられるようになると、自分にとっての敵のような人まで愛せるようになります。

69

自分のことは自分でやる

「あなたが自分自身の行動の全責任を負う決心をすることを提案しましょう。私はあなたがこの一歩を踏み出せば、そのことは大いにあなたのためになると確信しています。」

『子どものライフスタイル』

自分でできることは何でも自分でやるようにしましょう。他人まかせではいけません。他人に依存するような生き方をしていると、何かをしようという意欲や活力も生まれてこないからです。自分のことは責任をもって自分で行いましょう。

イエール大学のジュディス・ロディンは、とある介護施設の協力を得て、面白い研究を行っています。

もともとこの施設では、入居者のお年寄りの世話を何でもしてあげていました。けれども、その方針を変えて、自分でできることは自分でやらせるようにしたのです。施設内にある植物の水やりや掃除など、できることは自分でやってもらいました。

すると18か月後の調査において、入居者は「幸せ」を感じるようになり、他の入居者ともおしゃべりをするようになり、とても元気になりました。お亡くなりになる入居者も減りました。

スタッフが何でもしてあげていると、お年寄りは無気力になりますし、元気も出てこなくなってしまうのです。

自分のことは自分でやるようにしましょう。そうすればもっと積極的な人間に生まれ変わることができるからです。

子どもに対して、親は世話を焼きたがるものですが、過度に世話を焼いてはいけません。箸の上げ下ろしまでしてあげると、子どもは自分で何もしないのでラクかもしれませんが、どんどん無気力になってしまうからです。

仕事もそうで、面倒見のよい上司が、部下の仕事を何でも代わりにやってあげてしまうと、いつまで経っても部下は仕事ができるようになりませんし、自信もつきませんし、やる気も出せません。

その点、**部下が新人であろうが、上司がどんどん仕事をまかせるようにすると、部下は嬉々として仕事に取り組んでくれるようになるでしょう。自分のことは自分でやらせるようにすると、人は元気になるのです。**

私は、ある程度の年齢になったら、親元で暮らすのではなく、一人暮らしをしたほうがよいと思っています。実家では、お母さんがすべての家事をやってくれてしまい、どうしても甘えるからです。一人暮らしをすると、食事も自分で作らなければなりませんし、お風呂掃除も自分でやるようになります。そうやって自分のことを自分でやるようにしていると責任感も鍛えられますし、何よりも人生が楽しくなるのではないかと思います。

あとがき

本書は、アドラーの基本的なモノの考え方を取り上げながら、現代心理学で明らかにされてきた研究をわかりやすくご紹介する本です。アドラーの思想を学ぶだけでなく、最新の心理学研究も学べるという、「一粒で二度おいしい」内容になるように心がけて執筆いたしました。

書店の心理学コーナーを眺めてみるとすぐにわかるのですが、びっくりするほどたくさんのアドラーの本が並んでいます。アドラーと同時代に生きたフロイトやユング、フロムなど、他の心理学者の本と比べても明らかに多いのです。

どうしてこれほどアドラーの本ばかりが並んでいるのかというと、アドラーの本は他の心理学者の本と違って驚くほど「効く」からです。アドラーの本を読むと、心が晴れ晴れとしてスカッとします。人生の迷いも晴れます。どのように生きてゆけばよいのかの指針を得ることもできます。だからアドラーは人気なのです。

「どんなにあがいても、人間に救いなんてないのだ」というスタンスの本は、読んでいて気分が滅入るだけですし、絶望するしかありません。

けれども、アドラーは違います。

「どんな悩みだって、自分で解決できるよ」というのがアドラーの基本思想ですので、救いを得ることができるのです。

本書を執筆するにあたって、心がモヤモヤして落ち着かないとき、ちょっと本書を紐解いて読んでみるだけで心がスッキリするような本にしようと思いました。一つひとつの項目はほとんど独立しておりますので、どのページの項目を読んでも読者のみなさんが勇気づけられる本になっていると思います。ぜひ本書をみなさんの座右の書の一つとしていただければ幸いです。

さて、本書の刊行にあたっては、ぱる出版編集部の原田陽平さんに大変にお世話になりました。本書が非常に読みやすい内容になっているのは、原田さんの編集のおかげです。この場を借りてお礼を申し上げたいと思います。

世界の情勢も不穏ですし、思うように給料は上がりませんし、何かと気苦労の多い世の中ではございますが、それでもお互いに頑張って生きてゆきましょう。希望を持ち、毎日を楽しく生きてゆくために、本書が少しでも読者のみなさまのお役に立てることを祈念しながら筆をおきます。最後までお付き合いいただき、心よりお礼を申し上げます。ありがとうございました。

内藤誼人

iUniverse.
St-Yves, A., Freeston, M. H., Jacques, C., & Robitaille, C. 1990 Love of animals and interpersonal affectionate behavior. Psychological Reports ,67, 1067-1075.
Sulloway, F. J. & Zweigenhaft, R. L. 2010 Birth order and risk taking in athletics:A meta-analysis and study of major league baseball. Personality and Social Psychology Review , 14, 402-416.
Tierney, P., & Farmer, S. M. 2004 The Pygmalion process and employee creativity. Journal of Management, 30, 413-432.
Tiggemann, M., & Andrew, R. 2012 Clothes make a difference: The role of self-objectification. Sex Roles ,66, 646-654.
Twenge, J. M., Konrath, S., Foster, J. D., Campbell, W. K., & Bushman, B. J. 2008 Egos inflating over time: A cross-temporal meta-analysis of the narcissistic personality inventory. Journal of Personality ,76, 875-901.
Wagner, R. K., & Sternberg, R. J. 1985 Practical intelligence in real world pursuits: The role of tacit knowledge. Journal of Personality and Social Psychology ,49, 436-458.
Waldron, V. & Lavitt, M. R. 2000 "Welfare-to-work": Assessing communication competencies and client outcomes in a job training program. Southern Communication Journal ,66, 1-15.
Wilson, S. B., & Kennedy, J. H. 2006 Helping behavior in a rural and an urban setting: Professional and casual attire. Psychological Reports ,98, 229-233.
Wrosch, C., Miller, G. E., Scheier, M. F., & de Pontet, S. B. 2007 Giving up on unattainable goals: Benefits for health? Personality and Social Psychology Bulletin ,33, 251-265.

Neuhoff, C. C., & Schaffer, C. 2002 Effects of laughing, smiling, and howling on mood. Psychological Reports ,91, 1079-1080.
Nickerson, C., Schwarz, N., Diener, E., & Kahneman, D. 2003 Zeroing in on the dark side of American dream: A closer look at the negative consequences of the goal for financial success. Psychological Science , 14, 531-536.
Nisbett, R. E. 1968 Birth order and participation in dangerous sports. Journal of Personality and Social Psychology ,8, 351-353.
Oettingen, G., & Wadden, T. A. 1991 Expectation, fantasy, and weight loss: Is the impact of positive thinking always positive? Cognitive Therapy and Research , 15, 167-175.
Ormrod, J. E., & Spivey, N. R. 1990 Overlearning and speeded practice in spelling instruction. Psychological Reports ,67, 365-366.
Osborne, J. W. 1995 Academics, self-esteem, and race: A look at the underlying assumptions of the disidentification hypothesis. Personality and Social Psychology Bulletin ,21, 449-455.
Polivy, J., & Herman, C. P. 2002 If at first you don't succeed. American Psychologist, 57, 677-689.
Ramseyer, F., & Tschacher, W. 2011 Nonverbal synchrony in psychotherapy: Coordinated body movement reflects relationship quality and outcome. Journal of Consulting and Clinical Psychology ,79, 284-295.
Reich, J. W., & Zautra, A. J. 1991 Experimental and measurement approaches to internal control in at-risk older adults. Journal of Social Issues ,47, 143-158.
Rodin, J., & Langer, E. J. 1977 Long-term effects of a control-relevant intervention with the institutionalized aged. Journal of Personality and Social Psychology ,35, 397-402.
Rudman, L. A., & Glick, P. 1999 Feminized management and backlash toward agentic women: The hidden costs to women of a kinder, gentler image of middle managers. Journal of Personality and Social Psychology ,77, 1004-1010.
Saegert, S., Swap, W., & Zajonc, R. B. 1973 Exposure, context, and interpersonal attraction. Journal of Personality and Social Psychology ,25, 234-242.
Schill, T., & Sharp, M. 1994 Self-defeating personality, depression, and pleasure from activities. Psychological Reports ,74, 680-682.
Schippers, M. C., & Van Lange, P. A. M. 2006 The psychological benefits of superstitious rituals in top sport: A study among top sportspersons. Journal of Applied Social Psychology ,36, 2532-2553.
Segrin, C., & Nabi, R. L. 2002 Does television viewing cultivate unrealistic expectations about marriage? Journal of Communication ,52, 247-263.
Stone, J., Lynch, C. I., Sjomeling, M., & Darley, J. M. 1999 Stereotype threat effects on black and white athletic performance. Journal of Personality and Social Psychology ,77, 1213-1227.
Stone, M. H. & Drescher, K.A.(Eds.) 2004 Adler Speaks: The lectures of Alfred Adler.

Implicit theories about willpower affect self-regulation. Psychological Science ,21, 1686-1693.
Jonason, P. K., Garcia, J. R., Webster, G. D., Li, N. P., & Fisher, H. E. 2015 Relationship dealbreakers: Traits people avoid in potential mates. Personality and Social Psychology Bulletin ,41, 1697-1711.
Kahneman, D., Krueger, A. B., Schkade, D., Schwarz, N., & Stone, A. A. 2006 Would you be happier if you were richer? A focusing illusion. Science ,312, 1908-1910.
Kelly, R., & Caplan, J. 1993 How Bell Labs creates star performers. Harvard Business Review ,71, 128-139.
Kenny, D. A., & Malloy, T. E. 1988 Partner effects in social interaction. Journal of Nonverbal Behavior ,12, 34-57.
King, L. A., & Napa, C. K. 1998 What makes a life good? Journal of Personality and Social Psychology ,75, 156-165.
Kobasa, S. C. 1979 Stressful life events, personality, and health: An inquiry into hardiness. Journal of Personality and Social Psychology ,37, 1-11.
Lange, J. & Crusius, J. 2015 Dispositional envy revisited: Unraveling the motivational dynamics of benign and malicious envy. Personality and Social Psychology Bulletin ,41, 284-294.
Lemieux, R., & Hale, J. L. 1999 Intimacy, passion, and commitment in young romantic relationships: Successfully measuring the triangular theory of love. Psychological Reports ,85, 497-503.
Levinson, W., Roter, D. L., Mullooly, J. P., Dull, V. T., & Frankel, R. M. 1997 Physician-patient communication: The relationship with malpractice claims among primary care physicians and surgeons. Journal of the American Medical Association ,277, 553-559.
McAlister, A., Perry, C., Killen, J., Slinkard, L. A., & Maccoby, N. 1980 Pilot study of smoking, alcohol and drug abuse prevention. American Journal of Public Health, 70, 719-721.
McFall, R. M., & Lillesand, D. B. 1971 Behavior rehearsal with modeling and coaching in assertive training. Journal of Abnormal Psychology ,77, 313-323.
McMillen, C., Zuravin, S., & Rideout, G. 1995 Perceived benefit from child sexual abuse. Journal of Consulting and Clinical Psychology ,63, 1037-1043.
Modin, B., Ostberg, V., & Almquist, Y. 2011 Childhood peer status and adult susceptibility to anxiety and depression. A 30-year hospital follow-up. Journal of Abnormal Child Psychology ,39, 187-199.
Momm, T., Blickle, G., & Liu, Y. 2013 Political skill and emotional cue learning via voices: A training study. Journal of Applied Social Psychology ,43, 2307-2317.
Nasco, S. A., & Marsh, K. L. 1999 Gaining control through counterfactual thinking. Personality and Social Psychology Bulletin ,25, 556-568.
Neely, M. E., Schallert, D. L., Mohammed, S. S., Roberts, R. M., & Chen, Y.J. 2009 Self-kindness when facing stress: The role of self-compassion, goal regulation, and support in college students' well-being. Motivation and Emotion ,33, 88-97.

general mental ability on job performance and salary. Journal of Applied Psychology ,86, 1075-1082.

Finkelstein, S. R., & Fishbach, A. 2012 Tell me what I did wrong: Experts seek and respond to negative feedback. Journal of Consumer Research ,39, 22-38.

Fletcher, G. J. O., Simpson, J. A., & Thomas, G. 2000 The measurement of perceived relationship quality, components: A confirmatory factor analytic approach. Personality and Social Psychology Bulletin ,26, 340-354.

Foxman, J., & Radtke, R. C. 1970 Negative expectancy and the choice of an aversive task. Journal of Personality and Social Psychology , 15, 255-257.

Francis-Tan, A., & Mialon, H. M. 2015 "A diamond is forever" and other fairy tales: The relationship between wedding expenses and marriage duration. Economic Inquiry ,53, 1919-1930.

Giardini, A., & Frese, M. 2008 Linking service employees' emotional competence to customer satisfaction: A multilevel approach. Journal of Organizational Behavior ,29, 155-170.

Gidron, Y., Davidson, K., & Bata, I. 1999 The short-term effects of a hostility reduction intervention on male coronary heart disease patients. Health Psychology , 18, 416-420.

Glabska, D., Guzek, D., Groele, B., & Gutkowska, K. 2020 Fruit and vegetable intake and mental health in adults: A systematic review. Nutrients 12, 115;doi: 10.3390.

Golby, J., & Sheard, M. 2004 Mental toughness and hardiness at different levels of rugby league. Personality and Individual Differences ,37, 933-942.

Gottman, J. M. 1994 What predicts divorce? The relationship between marital processes and marital outcomes. Hillsdale, NJ: Laurence Erlbaum.

Graham, C., Eggers, A., & Sukhtankar, S. 2004 Does happiness pay? An exploration based on panel data from Russia. Journal of Economic Behavior & Organization ,55, 319-342.

Greer, S. 1991 Psychological response to cancer and survival. Psychological Medicine, 21, 43-49.

Hallion, L. S. & Ruscio, A. M. 2011 A meta-analysis of the effect of cognitive bias modification on anxiety and depression. Psychological Bulletin , 137, 940-958.

Hmieleski, K. M. & Baron, R. A. 2009 Entrepreneurs' optimism and new venture performance:A social cognitive perspective. Academy of management Journal ,52, 473-488.

Hochshcild, A. R. 1979 Emotion work, feeling rules, and social structure. American Journal of Sociology ,85, 551-575.

Horvath, A. O., Del Re, A. C., Fluckiger, C., & Symonds, D. 2011 Alliance in individual psychotherapy. Psyochotherapy ,48, 9-16.

Hung, I. W., & Labroo, A. A. 2011 From firm muscles to firm willpower: Understanding the role of embodied cognition in self-regulation. Journal of Consumer Research ,37, 1046-1064.

Job, V., Dweck, C. S., & Walton, G. M. 2010 Ego depletion-Is it all in your head?

self-validation approach. European Journal of Social Psychology ,39, 1053-1064.
Brown, M. A. 2011 Learning from service: The effect of helping on helpers' social dominance orientation. Journal of Applied Social Psychology ,41, 850-871.
Buss, D. M., & Barnes, M. 1986 Preferences in human mate selection. Journal of Personality and Social Psychology ,50, 559-570.
Byrne, J. S., & O'brien, E. J. 2014 Interpersonal views of narcissism and authentic high self-esteem: It is not all about you. Psychological Reports , 115, 243-260.
Cellar, D. F., Nelson, Z. C., & Yorke, C. M. 2000 The fine-factor model and driving behavior: Personality and involvement in vehicular accidents. Psychological Reports, 86, 454-456.
Chancellor, J., Margolis, S., & Lyubomirsky, S. 2018 The propagation of everyday prosociality in the workplace. The Journal of Positive Psychology , 13, 271-283.
Chang, A.M., Aeschbach, D., Duffy, J. F., & Czeisler, C. A. 2015 Evening use of light-emitting eReaders negatively affects sleep, circadian timing, and next-morning alertness. Proceeding of the National Academy of Sciences , 112, 1232-1237.
Cikara, M. & Fiske, S. T. 2012 Stereotypes and schadenfreude:Affective and physiological markers of pleasure at outgroup misfortunes. Social Psychological and Personality Science ,3, 63-71.
De Boer, H., Bosker, R. J., & Van der Werf, M. P. C. 2010 Sustainability of teacher expectation bias effects on long-term student performance. Journal of Educational Psychology , 102, 168-179.
De Cremer, D., Mayer, D. M., van Dijke, M., Schouten, B. C., & Bandes, M. 2009 When does self-sacrificial leadership motivate prosocial behavior? It depends on followers' prevention focus. Journal of Applied Psychology ,94, 887-899.
DeLongis, A., Folkman, S., & Lazarus, R. S. 1988 The impact of daily stress on health and mood: Psychological and social resources as mediators. Journal of Personality and Social Psychology ,54, 486-495.
Dwyer, K. K. & Davidson, M. M. 2012 Is public speaking really more feared than death? Communication Research Reports ,29, 99-107.
Edelman, R. E., & Chambless, D. L. 1995 Adherence during sessions and homework in cognitive-behavioral group treatment of social phobia. Behavior Research and Therapy ,33, 573-577.
Ein-Dor, T., Reizer, A., Shaver, P. R., & Dotan, E. 2012 Standoffish perhaps, but successful as well: Evidence that avoidant attachment can be beneficial in professional tennis and computer science. Journal of Personality ,80, 749-768.
Ericsson, K. A., Krampe, R. T., & Tesch-Romer, C. 1993 The role of deliberate practice in the acquisition of expert performance. Psychological Review , 100, 363-406.
Erickson, T. M., & Abelson, J. L. 2012 Even the downhearted may be uplifted: Moral elevation in the daily life of clinically depressed and anxious adults. Journal of Social and Clinical Psychology ,31, 707-728.
Ferris, G. R., Witt, L. A. & Hochwarter, W. A. 2001 Interaction of social skill and

参考文献

アドラー, A.（岸見一郎訳）1998　子どもの教育　一光社
アドラー, A.（岸見一郎訳）2008　教育困難な子どもたち　アルテ
アドラー, A.（岸見一郎訳）2008　生きる意味を求めて　アルテ
アドラー, A.（岸見一郎訳）2008　人間知の心理学　アルテ
アドラー, A.（岸見一郎訳）2010　人生の意味の心理学（上）　アルテ
アドラー, A.（岸見一郎訳）2010　人生の意味の心理学（下）　アルテ
アドラー, A.（岸見一郎訳）2014　人はなぜ神経症になるのか　アルテ
アドラー, A.（岸見一郎訳）2014　勇気はいかに回復されるのか　アルテ
アドラー, A.（長谷川早苗訳）2019　なぜ心は病むのか　いつも不安なひとの心理
興陽館
アドラー, A.（岸見一郎訳）2011　個人心理学の技術Ⅰ　伝記からライフスタイルを
読み解く　アルテ
アドラー, A.（長谷川早苗訳）2020　性格の法則 あのひとの心に隠された秘密　興陽
館
アドラー, A.（長谷川早苗訳）2020　人間の本性　人間とはいったい何か　興陽館
Adler, A. 2023 The best of Alfred Adler. Grapevine
Aknin, L. B., Barrington-Leigh, C. P., Dunn, E. W., Helliwell, J. F., Biswas-Diener, R., Kemeza, I., Nyende, P., Ashton-James, C., & Norton, M. I. 2013 Prosocial spending and well-being: Cross-cultural evidence for a psychological universal. Journal of Personality and Social Psychology , 104, 635-652.
Alden, L., & Cappe, R. 1981 Nonassertiveness: Skill deficit or selective self-evaluation? Behavior Therapy , 12, 107-114.
Anderson, C., & Shirako, A. 2008 Are individuals' reputations related to their history of behavior? Journal of Personality and Social Psychology , 94, 320-333.
Armstrong, J. S. 1998 Are student ratings of instruction useful? American Psychologist , 53, 1223-1224.
Baron-Cohen, S., Bolton, P., Wheelwright, S., Schahill, V., Short, L., Mead, G., & Smith, A. 1998 Autism occurs more often in families of physicists, engineers, and mathematicians. Autism , 2, 296-301.
Bègue, L., Bushman, B. J., Zerhouni, O., Subra, B., & Ourabah, M. 2013 Beauty is in the eye of the beer holder: People who think they are drunk also think they are attractive. British Journal of Psychology , 104, 225-234.
Bouchard, G., Lussier, Y., & Sabourin, S. 1999 Personality and marital adjustment: Utility of the five-factor model of personality. Journal of Marriage and the Family , 61,
Braun, K. A., Ellis, R., & Loftus, E. F. 2002 Make my memory: How advertising can change our memories of the past. Psychology & Marketing , 19, 1-23.
Briñol, P., Petty, R. E., & Wagner, B. 2009 Body posture effects on self-evaluation: A

内藤誼人（ないとう・よしひと）

心理学者、立正大学客員教授、有限会社アンギルド代表取締役社長。
慶應義塾大学社会学研究科博士課程修了。社会心理学の知見をベースに、ビジネスを中心とした実践的分野への応用に力を注ぐ心理学系アクティビスト。趣味は釣りとガーデニング。著書に『人間関係に悩まなくなるすごい心理術 69』(ぱる出版)、『いちいち気にしない心が手に入る本: 何があっても「受け流せる」心理学』(三笠書房)、『「人たらし」のブラック心理術』(大和書房)、『世界最先端の研究が教える新事実 心理学 BEST 100』（総合法令出版)、『気にしない習慣 よけいな気疲れが消えていく 61 のヒント』（明日香出版社）など多数。その数は 250 冊を超える。

Xアカウント
https://x.com/naitouyoshihito
Youtube チャンネル
https://www.youtube.com/@naitouyoshihito

不安《ふあん》や悩《なや》みがすぐに軽《かる》くなるアドラー心理学《しんりがく》

2025 年 2 月 6 日　初版発行

著　者　内　藤
発行者　和　田
発行所　株式会

〒160-0011　東

本書